GUERRERO
DE LA VIDA

Los 7 pilares del éxito para lograr estabilidad y felicidad

Para: Lucas Miguel
Si se puede
No hay obstaculos
Dios te bendiga
Erica Torres
2/15/2020

GUERRERO DE LA VIDA

Los 7 pilares del éxito para lograr estabilidad y felicidad

Erick Torres

Aimee SBP™
Aimee Spanish Books Publisher
www.AimeeSBP.com
1(888) AIMEE 41 1(888) 246-3341

Aimee SBP™

Aimee Spanish Books Publisher
www.AimeeSBP.com
1(888) AIMEE 41 1(888) 246-3341

GUERRERO DE LA VIDA

Erick Torres

ISBN-13: 9781654800192

Printed in the USA

AGRADECIMIENTOS

Antes que todo quiero dar gracias a Dios por todas las bendiciones que me ha dado. También a todo mi público por el apoyo incondicional. Ya que, gracias a todos ustedes, mi primer libro "Una vida sin obstáculos" ha tenido mucho éxito. Más de 5.000 ejemplares vendidos en menos de dos años. También quiero agradecer a mis padres, porque me han ayudado mucho, y siempre están pendientes de mí. Para ellos sigo siendo su pequeño Erick.

¡Gracias, papi y mami!

DEDICATORIA

Quiero dedicar este libro a un gran amigo; a quien veo como un hermano. Hemos trabajado juntos desde mi primera obra, compartido muchas conferencias, y superado obstáculos en el camino que solo trabajando en equipo pudimos superar.

Desde el inicio de nuestras carreras como autores y conferencistas, siempre nos apoyamos el uno al otro. Hoy en día seguimos siendo grandes amigos y continuamos cultivando nuestra amistad.

¡Gracias, mil gracias amigo y hermano Ramiro Castillo!

ÍNDICE

PRÓLOGO

Guerrero de la vida es una obra llena de mucha motivación y de herramientas que te transformarán en una persona indetenible. En cada capítulo que leas, descubrirás un pedacito más de tu potencial. No volverás a ser la misma persona después de leer y poner en práctica todo lo que este libro te recomienda.

Erick Torres es una persona en quien podemos ver un claro ejemplo de motivación e inspiración. Con este libro nos deja claro que no hay barreras en la vida, y que todo está en tu mente.

Por conocer a Erick por más de siete años, puedo decir que más que un guerrero de la vida, es un guerrero transformador de vidas. Porque cada enseñanza, cada palabra y cada conferencia que he escuchado de él, ha hecho un impacto en mi persona.

Con su ejemplo y dedicación, él nos enseña lo valiosa que es la vida. Cada pilar de este libro es un pedazo de su vida que te ayudará a ser un guerrero de la vida. Erick es un autor que dejó cautivado a miles de personas con su primera obra "Una vida sin obstáculos". Y este libro no será la excepción.

En esta obra descubrirás quién eres, cómo cuidarte de las personas negativas, y cómo vivir de una manera opti-

renglón
sugerencias

mista. Cada palabra y cada renglón de esta obra fueron escritos para transformar e impactar tu vida. Sin duda es uno de los mejores libros que he leído. Sus sugerencias, sus consejos y sus palabras, me han ayudado a comprender mejor la vida y qué tan fuerte puedo ser. Pero, sobre todo, este libro ha cautivado mi vida con sus enseñanzas al grado de encontrar en toda dificultad una semilla de amor y paz. Tú puedes ser el siguiente en hacer algo por tu vida, y dar el primer paso para transformarte en un verdadero guerrero de la vida.

Recomiendo este libro de todo corazón.

Ramiro Castillo
Escritor y conferencista transformador.
Presidente de la corporación "*Prosperity and Happiness in Action*", y fundador de "Centro de liderazgo" en Unión City, Queens, NY.

ventaja
diseñada
explotar

INTRODUCCIÓN

proyetada
↑

"Guerrero de la vida" es una obra que fue <u>diseñada</u> para todas las personas que desean <u>explotar</u> su potencial al máximo. Este libro te enseñará cómo vivir sin limitaciones, y muy feliz. Te impulsará a nunca rendirte, y te mostrará el camino que te llevará a la grandeza.

En este libro, el autor compartirá contigo los secretos que le han transformado en un guerrero invencible. Han sido muchas las batallas que tuvo que superar desde su infancia, hasta ahora, para poder tener una vida de plenitud. En esta obra, encontrarás la manera de sacar <u>ventaja</u> de los obstáculos de la vida, y de poder utilizarlos como un escalón para pasar al siguiente nivel. Este libro te guiará y te dirá cómo he superado muchas batallas. Es una obra que puede transformar toda tu vida.

Erick Torres es un conferencista motivacional. Nació sin brazos, con oídos cerrados y con muchas deficiencias físicas. Sin embargo, esto no ha sido un impedimento para lograr estabilidad económica y familiar. Ha escrito un libro —y también en formato de audiolibro, titulado "Una vida sin obstáculos". Más de 5.000 ejemplares de este libro se han vendidos en menos de dos años. Ha sido entrevistado por muchas radioemisoras tales como, Radio Ecuamor FM, X La Memora Mera, y también en programas y estaciones de TV de Estados Unidos, tales como: Al ritmo de la noche, Aquí TV Show, El Show de Jackie, LATV, Al

13

Otro nivel TV, Telemundo; y de otros países, como Telemicro de República Dominicana, y en el programa "Mil Historias Con Judith Leclerc". Asimismo, ha impartido más de 500 conferencias, en iglesias, escuelas y organizaciones de Estados Unidos, hablando de su vida y de cómo aprendió a vivir sin obstáculos a pesar de sus limitaciones físicas naturales.

Esta segunda obra es para ser disfrutada, aprendida y compartida. Alimentará tu mente y te transformará en una persona positiva, perseverante y, sobre todo, en un verdadero guerrero de la vida.

¡No te defraudará!

PILAR NÚMERO UNO:
VENCE TUS MIEDOS INTERNOS

"De modo que si alguno está en Cristo, nueva criatura es; las cosas viejas pasaron; he aquí todas son hechas nuevas" (2 Corintios 5.17).

Hoy en día he podido superar muchas cosas. Mis barreras, mis obstáculos y el miedo escénico. Sin embargo, con el tiempo me he dado cuenta de que estos temores existen dentro de todos nosotros, y que son impedimentos que arrastramos de nuestro pasado.

¿Te estarás preguntando a qué me refiero? Bien, déjame explicártelo.

Todos tenemos un pasado y unos momentos que marcaron nuestra la vida, que nos atascan y no nos dejan avanzar. Hasta que comprendí que no solo tenía que vencer mis miedos actuales, sino también los que llevaba dentro de mí, pude entender que la vida debía tener más sentido. Uno de mis momentos más doloroso y difíciles que tuve que superar fue el período de mi adolescencia.

No podía comprender cómo Dios pudo crearme de esta manera. Estaba peleando conmigo mismo todos los días. Pero no era solo esto: mi familia no me apoyaba con mis sueños y mis metas. Querían que yo trabajara para alguien, y que toda mi vida me mantuviera en un mismo trabajo.

Pero mis sueños siempre han sido muy grandes. Siempre deseé ayudar a mucha gente y poder viajar alrededor del mundo, usando el testimonio de mi vida para inspirar a mucha gente. También para darles palabras de motivación y superación.

Mis compañeros de la escuela se burlaban de mí y me menospreciaban por carecer de brazos. Pero no solo ellos: también tuve que sufrir rechazos y humillaciones de otras personas por las deficiencias con que había nacido. Puedes imaginar cómo estaba mi autoestima. En otras palabras, todas las críticas, las humillaciones y los golpes psicológicos marcaron fuertemente esta etapa de mi vida. La intención del libro que tienes en tus manos, es compartir contigo cómo puedes superar tus miedos del pasado.

Te invito a ser el dueño de tu vida; no permitas que otros definan quién eres. La clave para ser una persona segura, es reconocer que nadie tiene el derecho de menos-preciarte por ser quien eres. La realidad es que nadie sabe quién eres y el enorme potencial que hay dentro de ti. ¡Ya es hora de explotarlo!

Sé que tenemos a la psicología y a muchos maestros pa-ra ayudarnos a curar nuestras heridas emocionales. Sin embargo, tú puedes ayudarte mucho a ti mismo si lees con interés este libro, de tapa a tapa. Aprenderás mucho, y estoy también seguro de que transformará tu vida. Sé que tienes muchas preguntas sobre la vida, y esto es normal. Mi consejo es que mantengas una mente abierta y un corazón receptivo, porque ha llegado el momento de que tu vida sea transformada, y aprendas a tener una vida muy feliz y fabulosa.

diseñado
reto

Primero: Reconoce que Dios tiene un propósito para ti

No importa en qué situación te encuentres, y cuantos obstáculos tengas hoy en tu vida, Dios no se equivoca, y lo que te está sucediendo ahora es parte de su propósito.

Tal vez dirás que te está haciendo falta algo; eso era lo mismo que yo pensaba, porque mi deseo ardiente era tener brazos y oídos, poder hablar claramente, y no tener problemas con mi columna vertebral. Sin embargo, eso era algo que yo jamás podría cambiar. Entonces reconocí que estas deficiencias eran parte del propósito de Dios para mi vida. Las consideré cómo parte de las maravillas que el Señor había diseñado para mí.

Te reto a aceptar todo lo que tienes ahora: tus brazos, tus piernas, tus ojos, tu cabello, tu nariz, en fin, todas las partes de tu cuerpo. Y si te faltara algo de lo anterior, aun así eres una persona potencialmente triunfadora, porque puedes convertirte en un ejemplo de vida. Dios tiene algo grande para ti. Acepta que Dios te ama y te diseñó de una manera perfecta para el propósito que Él tiene para tu vida.

Tus problemas económicos, familiares y personales son solo una señal de que no estás haciendo las cosas bien – que necesitas pensar de manera diferente y hacer cambios. Te están diciendo que estás fuera del camino para el que fuiste diseñado. Es importante, entonces, que busques el camino de Dios, el que revelará el verdadero propósito para tu vida cuando Él te creó.

Si estás tratando de ser feliz y no lo has podido lograr, eso significa que no estás viviendo dentro del propósito para el cual fuiste creado. He aquí un ejemplo. Imagínate a un gato metido en el agua. ¿Tú crees que él es feliz? Sé que tu respuesta es "no", y eso es obvio porque el gato no fue diseñado para vivir en el agua. Solo los peces pueden moverse en el agua y disfrutar de ella. El problema no es el agua, ni tampoco el gato. El punto es que el gato está en el lugar equivocado. No importa qué tanto se esfuerce por sentirse cómodo y feliz, jamás lo logrará, porque su camino y su propósito no están donde deben estar.

Si deseas experimentar felicidad y tranquilidad, tienes que buscar tu camino y tu propósito en la vida. Un guerrero de la vida comienza por descubrir cuál es el propósito de su existencia. Haciendo esto, encontrarás razones para vencer todos tus miedos del pasado y enfrentarte a una vida nueva.

Segundo: Cambia tu manera de ver la vida

Tenemos que pensar en el presente, y dejar atrás el pasado. Debemos tener una actitud positiva siempre. Nuestros pensamientos, ya sean positivos o negativos, repercutirán en nuestra realidad, en lo que somos.

Esto es algo que repito siempre, todos los días. La gente me dice que estoy loco, y que no se llega a ningún lado con solo ser positivo. Sin embargo, para mí ha sido la clave fundamental de la vida feliz que disfruto ahora. Sé que nací para ser un guerrero de la vida, y quiero demostrarte esto a lo largo de este libro. Los pensamientos se vuelven sentimientos, los cuales se transformarán en acciones, y las acciones se convierten en hábitos; todo esto determinará nuestro destino.

albergando
obstaculizar

Es conveniente que te detengas y reflexiones en cuanto
a qué pensamientos estás albergando hoy en tu mente.
¿Son positivos o negativos? ¿Son de fracaso o de éxito? ¿Te
ayudan o te obstaculizan? Podría darte una lista muy grande de los resultados de una manera de pensar positiva. Ya
tenemos suficientes problemas, y no ganamos agregando
pensamientos negativos. Por eso, yo siempre elijo ver lo
bueno de la vida; doy gracias a Dios por mi único dedito,
que es el que me ayuda a utilizar la computadora, el teléfono, a comer, tomar agua, agarrar la llave del auto, condu-
cir, y muchas otras cosas más. Todo eso es suficiente para
sentirme bien conmigo mismo y con la vida.

Esto basta para mí; por lo tanto, doy gracias a Dios y
elijo ver lo bueno de todo. Me encanta tener pensamientos
positivos y vivir al máximo. Esto es, sin duda, el mejor alimento para tener una actitud optimista cuando las cosas
no marchan bien. De esta manera, podrás ver disminuir
poco a poco tus miedos del pasado. Te darás cuenta de que
más son las cosas por las que puedes y debes estar agradecido. Y, sobre todo, entenderás que de nada sirve vivir con
miedos.

Los traumas que arrastras de tu pasado y los miedos
que los acompañan, te impedirán lograr la felicidad. Déja-
los atrás. Trata de sacarlos de tus pensamientos. Evita recordar a cada momento lo mal que te ha tratado la vida.
Deja de lamentarte por todo lo sucedido. No te conviertas
en una víctima. Por el contrario, piensa en las cosas buenas
de tu experiencia personal, y sigue adelante. ¡Es solo una
cuestión de decisión!

Tercero: Enfócate en lo que te gusta hacer

Para deshacerte de los miedos, no hagas lo que no te gusta. Haz lo que te apasiona, lo que te impulsa, lo que te inspira. Si haces esto, tus miedos no serán tan grandes como tus sueños. Porque si tus miedos son más grandes, nunca tomarás acción y nunca los vencerás.

Por ejemplo, puedes tratar de tocar un instrumento musical, pintar o hacer ejercicio. Es posible que derives satisfacción al ser capaz de ayudar a otros, servir en la iglesia o alguna otra actividad que te resulte gratificante. Si estas cosas te hacen sentir bien, no pierdas, entonces, las oportunidades de ponerlas en práctica. El punto es que te mantengas activo todo el tiempo, disfrutando de lo que haces, y valorando cada uno de tus esfuerzos positivos.

Repito: Enfócate en lo que te gusta hacer. En mi caso, sentía menosprecio por mí mismo, porque dependía de la aprobación de los demás. Pensaba que tenía que agradar a la gente para ser aceptado. Olvidaba lo que a mí me gustaba hacer, y de poner en práctica las cosas para las cuales era bueno.

Tal vez estás en este momento trabajando en algo que no te gusta. Si es así, cambia de empleo. Nuestra vida se estanca cuando vivimos frustrados porque lo que hacemos no nos agrada, no da satisfacción. Cuando es así, salir cada día al trabajo se convierte en un motivo de malestar y frustración. A esto se agrega, posiblemente, la falta de reconocimiento por el trabajo que haces porque notarán que no lo haces de buena gana. Esto siempre se nota. La vida se te vuelve estresante y pesada.

credo
reto
anhelan

❋ Cambiar de trabajo para ocuparte en algo que realmente te guste y te brinde satisfacción, es de mucha ayuda. Podrás conocer personas agradables y positivas, gente guerrera y de fortaleza de ánimo que te servirán de inspiración.

Tienes que convertirte en un guerrero de la vida. No me canso de repetir esto –es mi credo. Es solo una cuestión de actitud, porque esa ha sido mi experiencia. Para vencer los miedos, la solución está en enfrentarlos. Y si logras descubrir y reconocer lo que te apasiona en verdad, el reto para hacer cambios en tu vida será tu incentivo más grande.

❋ Cuando seas capaz de descubrir lo que te apasiona, pero necesites entrenamiento en cuanto a eso, prepárate con cursos para convertirte en un experto en la materia. Toma la iniciativa. No te detengas. Ve y hazlo. No importa el tiempo que te tome ese aprendizaje para que puedas lograr el objetivo.

Conozco a muchas personas que pasan todo el tiempo quejándose del trabajo que hacen, y por tanto, teniendo un sentimiento de insatisfacción. Cuando les pregunto qué es lo que les apasiona, encuentro que todas anhelan destacarse en algo. Por ejemplo, como cantante, compositor, escritor, bailarín, instructor de arte, empresario, etc. Y cuando les pregunto si ya dieron pasos en cuanto a esto, su respuesta es, por lo general: "No". "No tengo tiempo". "No es posible". "No creo que podré lograrlo". Y muchas otras respuestas. Presentan un sinfín de excusas y motivos de por qué no pueden alcanzar esos sueños. Por sus temores y falta de iniciativa se vuelven unos frustrados, y se mantienen estancados en el mismo trabajo por años y años.

Preguntas de reflexión:

- ¿Ya comenzaste a dar los pasos necesarios para ver realizados tus sueños?
- ¿Estás buscando lo que te apasiona? ¿O prefieres seguir sufriendo y lleno de complejos de incompetencia?
- ¿Por qué no haces algo para salir de allí? No permitas que tus miedos y tus limitaciones sean más grandes que tus sueños.

Cuarto: Cambia tu rutina diaria

Te aconsejo que hagas cambios –por más pequeños que sean– en tus costumbres y tus tareas cotidianas. Experimenta cosas nuevas, retos y metas. Mantén una alimentación saludable y asimismo, ejercítate físicamente. Estas últimas dos cosas son muy necesarias.

Viaja, visita lugares nuevos, ve al teatro, disfruta de una buena película, y haz cosas distintas para obtener resultados diferentes. Introduce giros en tu vida y en tu manera de pensar. Sal de tu zona de comodidad, de tu agradable rutina, y no temas probar nuevas y buenas experiencias. Estas te proporcionarán alegría; y, si por alguna razón, al tratar de probar algo nuevo, la experiencia te resultó negativa, de ésta podrás aprender para no volver a cometerla.

Aprende a dejar ir el pasado doloroso y concéntrate en hacer cosas nuevas y positivas; vive el momento enfocado en tus metas y en tu futuro. Tal vez tienes amigos que te visitan o a los que tú visitas. Ten cuidado a no dejarte influenciar por la ideas o pensamientos negativos de ellos. Muchas de las personas que conocemos son muy miedosas y arrastran malas experiencias en sus vidas. Hay muchas personas que, no solamente no hacen cosas buenas, sino que tampoco te ayudan a que tú las hagas. Te dirán que no se puede, que es imposible, que no naciste para eso. Han tenido malas experiencias, y no se dan cuenta que esas experiencias son parte del proceso para moverlas hacia el éxito si se lo proponen.

Insisto: cambia tu rutina; conoce a más gente, visita más lugares que antes no conocía, y mantén relaciones con personas positivas, tenaces, constantes, luchadoras y perseverantes, con una mente abierta para buscar nuevos horizontes y experiencias de éxito.

Quinto: Relaciónate con triunfadores

Rodéate de personas que tengan visión, sueños y que piensen en grande; y que te apoyen y compartan tus mismos objetivos.

Como señalé antes, la mejor manera de dejar atrás tu pasado negativo, es enfocarte en las cosas que te hacen la vida agradable. Acércate a tu familia, a tus amigos y compañeros de trabajo, y aumenta tus relaciones sociales. No te estoy diciendo que te relaciones con todo mundo. Escoge con mucho cuidado tus amistades, y quédate con la gente que aporta algo positivo a tu vida.

Examina bien quiénes tienen sueños parecidos a los tuyos, y asegúrate de formar parte de su equipo. No te conformes con amigos que solo se la pasan de fiesta en fiesta, gastando mucho, y que no desean emprender ningún ne-gocio productivo, porque ya están conformes con lo poco que tienen y saben. Un guerrero de la vida conoce el ca-mino, está consciente de su propósito en la vida, y nunca va <u>hacia</u> atrás, sino siempre hacia adelante. Escalón por <u>escalón</u>, pero siempre hacia arriba, nunca hacia abajo. Por tanto, mantente firme y motivado por tus sueños.

En conclusión: Tú eres el dueño de tu vida, y tus miedos son internos. Nadie puede vencerlos por ti, solo tú puedes hacerlo. Lo que te acabo de compartir son herramientas que yo he puesto en práctica y me han funcionado. Espero de todo corazón que después de reflexionar en este capítu-lo, comprendas que tú tienes un potencial enorme, super-enorme. Deseo que con la ayuda de este capítulo puedas vencer alguno de tus miedos internos.

REFLEXIÓN

Las personas tipo basura

Son las personas que pasan por este mundo solo volando de un lugar a otro. Son el tipo de gente que permite que los obstáculos los abrumen, nunca hacen nada productivo para los demás, pero nunca lo hacen tampoco para ellos mismos. Encuentran en toda situación una razón para quejarse, en vez de hacer algo para enmendarla. Dejan que la gente y las circunstancias les roben ese tesoro tan grande que es la felicidad. En estos tiempos la vida se ha transformado en un obstáculo para algunos y muy dura para muchos. Observas a la gente trabajar mucho, pensativa, enojada y muy aprisa.

El que tiene mucho trabajo, se acompleja por eso. Cuando otros se acomplejan por no tener trabajo.

Escuchas a la gente decir que la vida es dura. La gente encuentra en las situaciones siempre algo negativo, en vez de algo positivo que les ayude a vivir con armonía.

Ramiro Castillo,
Autor de "Una vida sin estrés".

trasladados,
derribo
REFLEXIÓN PARA JÓVENES
acero
La cárcel del miedo

En la Columbia Británica, las autoridades decidieron sustituir la vieja prisión de Fort Alcan. Había estado en servicio durante centenares de años, pero se necesitaban unas instalaciones nuevas.

Cuando la nueva prisión estuvo terminada, los reclusos fueron trasladados al nuevo edificio y se les puso a trabajar en el derribo de la vieja estructura. Entonces encontraron algo que los dejó atónitos.

Los muros de la vieja prisión no estaban hechos con acero, como todos pensaban. Estaban hechos de cartón y arcilla pintados para que tuvieran el aspecto del acero. Las puertas de las celdas eran de acero, así como los barrotes de cinco centímetros de las ventanas. Pero las paredes eran solo arcilla y cartón. Si los prisioneros hubieran golpeado la pared con una silla, podrían haber roto la pared. Pero el aspecto de los muros los convenció de que la fuga era imposible.

Algunas personas están prisioneras de sus miedos. Temen probar cosas nuevas porque podrían ponerse en evidencia.

Hay niños que son tímidos, tan avergonzados, que se sientan en un rincón mientras los demás se divierten. Si pudieran derribar el muro de su sensación de que podrían hacer el ridículo, podrían tener amigos y disfrutar mucho más de la vida.

Hay jóvenes a los que les encantaría volver a la universidad y prepararse en una carrera, pero tienen miedo de no poder lograrlo.

Hay gente de todas las edades que querría hablar a los demás de Jesús, pero temen el rechazo. Alguien podría hacer broma de ellos o enojarse. Por eso se quedan sentados y dejan pasar las oportunidades de dar testimonio.

El Señor está conmigo; no tengo miedo. ¿Qué me puede hacer el hombre? Salmo 118:6.

¿Hay algo que te impida afrontar un desafío que merece la pena? No permitas que los muros de la inseguridad te mantengan atrapado. Apártalos *de tu camino y aprovecha la libertad.*

Renee Coffee
("El viaje increíble)
www.huelladivina.com

Mantén tu sonrisa en alto todo el día, nunca dejes de sonreír

En esta foto, yo tenía solo cuatro años de edad. Como puedes ver, siempre he sido una persona muy sonriente. A pesar de las circunstancias, siempre he disfrutado del presente. Te invito a que olvides el pasado y disfrutes de ser tú mismo y sonrías siempre.

Sometido

PILAR NÚMERO DOS:
CLAVES PARA ELEVAR TU AUTOESTIMA

"Yo soy quien te manda que tengas valor y firmeza.
No tengas miedo ni te desanimes porque yo, tu Señor y Dios,
estaré contigo dondequiera que vayas" (Josué 1.9).

Una de las maneras de elevar tu autoestima, es creer en ti mismo y tener mucho amor propio.

En la etapa de mi niñez tenía una autoestima muy baja. Sufría mucho por todas las dificultades que estaba pasando. Fui <u>sometido</u> a numerosas cirugías, y además de eso todo el tiempo tenía dolor. El miedo se apoderaba de mí porque creía que no iba a aguanta mucho más. Todas estas dificultades y situaciones me provocaban mucho estrés y ansiedad. Me producía mucho pesar el darme cuenta de que otros podrían vivir normales, mientras que yo no tendría esa posibilidad; ante mí tenía una vida llena de obstáculos.

Todo esto me creó una baja autoestima muy profunda. Creía que no merecía tener amigos, porque no era como los demás. Sentirte que no encajas en este mundo, es algo que no se lo deseo a nadie. Se siente muy feo. Tú, que estás leyendo estas líneas, tal vez tienes todo tu físico completo y aun así no te sientes bien contigo mismo. Hoy quiero compartir contigo algunas herramientas que pueden ayudarte a elevar tu autoestima. No importa cuál sea tu situación, si deseas salir adelante y ser feliz es necesario que tomes en cuenta estas sugerencias. ¡Vamos al grano!

Primero: Observa a la gente que está peor que tú

Algo que yo hice para elevar mi autoestima fue relacionarme con personas que estaban peor que yo, que también tenían necesidades especiales diferentes a las mías. Ellas me comentaban sus sueños y así me sentía motivado, porque me contagiaban sus ganas de vivir y hacer cosas grandes en la vida. Algunas no tenían piernas o brazos, o eran minusválidas en otros aspectos. Fueron los amigos que me ayudaron a ver que en la vida sí es posible seguir adelante y triunfar. Yo, que no tengo brazos, sentía que no valía nada. Para mí, fue motivo de inspiración conocer a todas esas personas —repito, con muchas de ellas con más limitaciones que yo—que aun así se sentían felices y con muchas ganas de vivir.

Cada vez que nos reuníamos, disfrutábamos mucho; nos reíamos, la pasábamos bien, eran momentos agradables. Todo eso provocó en mí que me sintiera más confiado para enfrentar mi baja autoestima.

Es una realidad que a la mayoría de las personas con baja autoestima les falta absoluta confianza en ellas mismas. Por eso, insisto, debemos enfocarnos en pensar positivamente, ya que nuestros pensamientos en cuanto a las limitaciones y al pasado afectan nuestra realidad presente.

Repito: Yo tenía la autoestima muy baja, estaba lleno de negativismo, y mis emociones negativas hacían que me sintiera muy desmotivado. Mi vida no era nada agradable.

Para vencer estos fantasmas hay que enfrentarlos —no huir de ellos— y lo mejor es enfrentarlos ahora mismo, para de esa manera ponerles fin y vivir sin cargas. Todos sentimos por naturaleza cierta desconfianza en nosotros mismos, nadie escapa de esto. La baja autoestima es una emoción negativa y, por lo tanto, hay que dejar de darle protagonismo. Hay que elegir pensamientos positivos y confiar en nosotros mismos.

Para aumentar mi autoestima empecé a confiar en Dios y en mí, de tal forma que sentía el impulso de hacer algo diferente a lo convencional —por ejemplo, cómo trabajar con mi computadora, descargar de Internet, y desarrollar una actividad comercial productiva. Hacia instalaciones de programas de computación. De esta manera, generaba ingresos trabajando de forma independiente. Así fui ganándome la confianza de diversas personas.

En otras palabras, me enfoqué en mis habilidades y, como lo menciono en mi primer libro "Una vida sin obstáculos", desarrollé habilidades. Busqué lo bueno que había en mí, y me enfoqué en eso. Haciendo eso comprendí que era útil tanto para mí mismo como para otras personas. Caí en cuenta de que, con lo que yo tenía y era, podía hacer grandes cosas. Al generar mis primeros ingresos, también me di cuenta de que había un empresario dentro de mí. Así fue como di el primer paso para elevar mi autoestima. Si yo pude hacerlo, tú también puedes hacerlo. No te rindas, no desistas, ¡sí se puede!

Segundo: *Piensa en ti primero*

Lo que te diré ahora puede sonarte egoísta. Sin embargo, en este capítulo te recomendaré que pienses en ti mismo primero. Hay muchas personas a las que les gusta ayudar a otros. Eso no está mal, pero sufren un gran desgaste de energía, creyendo que están aquí solo para servir a los demás. Se olvidan de sí mismas, de sus metas y de sus ambiciones.

Es muy importante que te ayudes a ti primero, que pienses en tus sueños y en tus metas. Después de que tú tengas éxito, podrás entonces ayudar a otras personas —a mucha gente. En la vida hay que dar pero también recibir; no se trata solo de dar. Es posible que seas el tipo de persona a la que solo le gusta dar, y no te sientes bien recibiendo. La razón de esto, es porque no te crees merecedor de nada en esta vida. Sí eres merecedor, y mucho. Tú vales tanto como los millones de personas que viven en este planeta. Tú no solo eres diferente, también eres único. Nadie es como tú. Tú no tienes menos potencial; las personas no están dotadas de la misma manera, pero sus capacidades individuales son valiosas. Piensa en ese viaje que siempre has querido hacer, en ese traje nuevo que siempre quisiste tener, en ese cuidado físico —gimnasio, masajes, etc.— que puede renovar tu cuerpo y tus fuerzas. No es justo que te estés desgastando cada vez más por solo servir a los demás, que en muchos casos ni siquiera te lo agradecen. ¡Ocúpate de tu bienestar, y eso será de bendición para tu vida!

Es necesario, entonces, que mantengas el equilibrio adecuado. Se puede dar, pero también hay que recibir. No siempre digas "si" a toda exigencia que te hagan, sacrificando un tiempo que es valioso para ti, que puedes utilizar para hacer las cosas que realmente te gustan y te producen satisfacción. Decir "no" en ciertas ocasiones no es ser malo; es solo reconocer que tú también mereces disfrutar de lo que a ti te agrada. Ya habrá tiempo para atender y ayudar a los demás.

Pensar en ti primero no es egoísmo, es amor propio. Porque nadie da lo que no tiene, y para dar amor y bendecir a otros, primero debes tener amor por ti mismo. "Ama a tu prójimo como a ti mismo".

Medita y visualiza tus sueños, piensa lo que eres y mereces. Mírate a ti mismo como una persona exitosa porque, en realidad, tú mereces lograr tus metas y tener una vida de satisfacciones.

Deja de subestimarte y menospreciarte por tu físico o cualquier otra cosa que creas que te hace falta. Levántate, anímate, y pon manos a la obra.

Tercero: Aléjate de las personas egoístas

En este mundo hay muchas personas egoístas, y por ser así, desearían que tú fracases. Esas personas no tienen pensamientos generosos para con los demás, solo piensan en ellas mismas.

Si te rodeas con este tipo de gente, no te estarás ayudando absolutamente en nada, porque esa clase de personas afectarán negativamente tu autoestima. Esas personas solo quieren ser servida, ayudadas y ser el centro de atención de los demás. No se preocuparán por ti, ni de lo que te interesa. Están enfocadas en ellas mismas.

Por esta razón, es muy importante identificar esas relaciones. Si quieres aumentar la seguridad en ti mismo, y ser un guerrero de la vida, haz a un lado a ese tipo de personas. La gente egoísta te absorbe la energía y reduce tu autoestima. Te desaniman y estorban tu crecimiento personal.

Con el tiempo, yo fui capaz de identificar a esas personas, y aprendí a decirles no. Son muy manipuladoras y persuasivas. Ten mucho cuidado en no relacionarte con ellas.

He aquí algunas características para identificar a estas personas.

1. *Solo hablan de sí mismas.* La gente egoísta habla solo de sí misma, de sus éxitos y de lo que a ellos les interesa.
2. *Culpan a los demás.* Siempre buscan a un culpable de sus fracasos en todo. Los errores siempre los comenten los demás. Ellas son "perfectas".
3. *Son desagradecidas.* Se creen merecedoras de todo, por lo tanto son malagradecidas. Normalmente no te agradecen las cosas que haces por ellas.
4. *Les gusta recibir, pero no dar.* Jamás recibirás nada de valor de ellas, siempre buscaran tu ayuda y se sentirán felices al recibirla. Pero si no las ayudas, como esperan, se molestaran contigo.
5. *Critican a los demás.* Siempre buscarán motivos para murmurar y ver defectos en otros. Se sienten superiores al resto de las personas, y tratarán de lograr

lo que ellos quieren utilizando la manipulación y la mentira.

Hay muchos más rasgos que te ayudarán a identificar a estas personas. Sin embargo, estas cinco características te serán de ayuda para descubrir a estas personas.

En resumen: es tiempo de que hagas una limpieza de tu lista de amigos. Tú mereces ser feliz. No tengas miedo de perder a algunos de ellos, si tienen las características que he mencionado. Después de hacer la limpieza, pon en práctica la siguiente sugerencia que te presento.

Cuarto: Deja que Dios guíe tu corazón

Pide ayuda a Dios. Esto te sonará algo religioso o tal vez innecesario, pero en mi caso me funcionó muy bien ¡y mucho! Cuando reconocí que yo solo no podía seguir adelante con mi vida de frustraciones y de baja autoestima, y me di cuenta de que no había nadie más capaz de motivarme, una voz en mi interior me dijo: "Erick, no estás solo, yo estoy contigo; deja que yo guíe tu vida".

Cada vez que me sentía solo y sin ningún incentivo, sin aliento y sin ánimo, esta voz sonaba más y más fuerte. "Erick, deja que yo guíe tu vida" Después de transcurridos algunos meses, me di por vencido y permití que esa voz interna diera dirección a mi existencia.

Dios era el único que me conocía bien, y Él sabía perfectamente lo que yo necesitaba. Tal vez esto te suene algo tonto, si eres uno que no cree en Dios. Pero te hago esta pregunta: Si ya no crees ni en ti mismo, ¿en quién o en qué creerás para poder seguir adelante?

Nos equivocamos pensando que sí podemos seguir adelante confiando solo en nuestras propias fuerzas. Pero cuando las cosas no salen bien nos <u>hundimos</u> en la depresión, y allí nos quedamos. Confiar en Dios es el mejor recurso para revivir la esperanza, cambiar de actitud, pensar en soluciones y, sobre todo, confiar en que todo estará bien con su ayuda. Así como el hijo confía en que su padre cuidará de él, llega el momento en la vida en que debemos confiar en Dios como nuestro Padre.

Confía en Dios y confía en ti —que fuiste hecho a su imagen. Su Espíritu es tu voz interna y que te dará una conciencia clara. Él hará brillar tu luz interna y elevará tu autoestima. No eres capaz de imaginar lo que Él podrá hacer en ti y por ti, si pones tu confianza en Él. Teniéndolo a Dios, cuando sientas que tu autoestima está por el suelo, Él te dará la fortaleza para levantarte.

Piensa en Dios y confía en Él siempre. Siéntelo en tu corazón, y visualízalo como alguien que está a tu lado. Dios puede ser tu gran inspiración como lo fue para mí. Él nunca te abandonará. Él te creó, y por eso puedes confiar en el gran potencial que te dio. Naciste con una energía extraordinaria de la cual posiblemente no te has dado cuenta o reconocido hasta ahora.

Piensa en un niño pequeño —incluso en un bebé. Su energía es fabulosa. Los bebés son felices, y aunque a su tierna edad no son capaces de racionalizarlo, con toda seguridad se aman a sí mismos y su autoestima a su temprana edad es una realidad.

Aprendamos de ellos. No importa dónde vivan, qué vistan, cómo sean sus padres o la condición económica o social de la familia, ellos no son atormentados por el estrés, la infelicidad, el egoísmo, la envidia, el negativismo, etc. Pueden sentir la energía de su Creador, y por esa razón pueden estar alegres y satisfechos todo el tiempo. Los niños son el mejor ejemplo de felicidad. La característica resaltante en un niño pequeño es normalmente su curiosidad, explorar cosas nuevas, y no sentirse atemorizados la mayor parte del tiempo. Los niños pequeños tienen conectada su energía con Dios, y por eso son osados.

Es posible que, si antes conociste a Dios, te hayas olvidado ya de Él; te desconectaste de la energía que puede llenar de gozo y alegría tu corazón. Por eso sientes ahora un vacío que nada ni nadie es capaz de llenar.

hondo

REFLEXIONES

Nuestro miedo más hondo no es ser ineptos. Nuestro miedo más hondo es tener un poder sin límites. No es la oscuridad, sino la luz lo que más nos asusta. Nos preguntamos: ¿Quién soy yo para ser brillante, encantador, talentoso, fantástico?

Por el contrario, ¿quién eres tú para no serlo?

Eres creación de Dios. Al creer que eres poca cosa, no sirves al mundo. No hay iluminación en el reducirte a tal punto que otros se sientan inseguros juntos a ti. Nacimos para hacer manifiesta la gloria de Dios que existe dentro de nosotros.

No sólo en algunos: En todos.

Cuando permitimos que nuestra luz brille, inconscientemente autorizamos a otros a hacer lo mismo. Cuando nos liberamos de nuestro propio miedo, nuestra presencia libera automáticamente a otros. Dios no nos ha llamado a vivir en el temor... sino a vivir en plena libertad y seguridad por su Espíritu.

"—No tengan miedo —les respondió Moisés—. Mantengan sus posiciones, que hoy mismo serán testigos de la salvación que el Señor realizará en favor de ustedes. A esos egipcios que hoy ven, ¡jamás volverán a verlos!"

—Éxodo 14:13

"No tengan miedo —les respondió Moisés—. Dios ha venido a ponerlos a prueba, para que sientan temor de él y no pequen".

—Éxodo 20:20

Un rey fue a visitar su jardín para ver cómo estaba lo que había plantado. Descubrió que sus árboles, sus arbustos y sus flores se estaban muriendo. El roble le dijo que estaba pereciendo porque no podía ser tan alto como el pino.

Dirigiéndose después al pino, lo encontró muy triste porque no podía dar uvas como la vid. Y la vid se estaba muriendo porque no podía florecer como la rosa.

La rosa lloraba porque no podía ser alta y sólida como el roble. Entonces encontró una planta, una pequeña fresa, floreciendo, y más fresca que nunca. El rey le preguntó:

—¿Cómo es que creces saludable en medio de este jardín mustio y sombrío?

—No lo sé. Quizás sea porque siempre di por sentado que cuando me plantaste, tú querías tener fresitas. De haber querido que yo fuera un roble o una rosa, los habrías plantado. En ese momento me dije: "Intentaré ser la mejor fresa que pueda".

Ahora es tu turno. Estás aquí para contribuir con tu fragancia. Simplemente mírate a ti mismo. No hay posibilidad de que seas otra persona. Puedes disfrutarlo y florecer regado con tu propio amor por ti, o puedes marchitarte en tu propia condena...

No tengas miedo a hacerle frente a la vida. Tú puede lograr
más de lo que yo he logrado. Si yo pude hacerlo teniendo un
solo dedo, tú, que tienes los dos brazos,
puedes hacer cosas grandes.

En esta foto me ves muy feliz porque me había comprado
mi cuarto automóvil. Explorando el mundo con un autoestima de triunfador. Te invito a que olvides lo que la gente
dice de ti y que definas tu identidad como creación de
Dios. Tú te mereces mucho y tienes que ir por ello.

PILAR NÚMERO TRES:
CÓMO INCREMENTAR TU SEGURIDAD

"Quien se conduce con integridad, anda seguro;
Quien anda en malos pasos será descubierto" (Proverbios 10.9).

Después de haber dejado atrás recuerdos dañinos de tu pasado y vencido tus miedos, es ahora tiempo de que aumentes la seguridad en ti mismo. Esta confianza te llevará a lograr muchas cosas en la vida. Sentirte seguro de ti mismo es la clave para vencer de una vez por todas, todos tus miedos.

Te preguntarás: ¿Cómo puedo lograr esto? Comparto aquí contigo tres maneras de hacerlo, en base a mi experiencia.

Primero: Revisa tu lista de amigos

Primero que todo, debemos reconocer que los amigos son una influencia muy grande. Esto significa que es importante que escojas bien las personas que te rodean.

Te digo esto, porque antes de lograr confianza en mí mismo —como ya te conté— tenía una autoestima muy baja, y en esto tenían mucho que ver las personas negativas que con las que me rodeaba. No estoy diciendo que

47

todas tus amistades sean malas; lo que trato de decir es que no todas las personas están dispuestas a buscar y a luchar por sus sueños, por lo que deciden mantenerse en la mediocridad y el negativismo.

Luchar por nuestros sueños requiere de nuevos hábitos, nuevas actitudes y, sobre todo, aceptar el reto de hacer cosas nuevas. Si las amistades que tienes están dispuestas a hacer cambios positivos, podrán ser también guerreros de la vida.

Necesitas rodearte de gente valiente, que no pongan excusas, que no se quejen, que no le echen la culpa de sus fracasos a los demás. Los guerreros de la vida no se quejan, no se dejan dominar por complejos negativos. Por el contrario, buscan solución a los problemas, y tratan de sacar una lección de los obstáculos.

Por eso es tan importante tener las amistades correctas. ¿Son "gallinas" o son "águilas"? No necesitas personas inseguras o temerosas que culpen de mala situación a todo mundo, y que critiquen a la gente que tiene éxito. Porque los criticones no conocerán la victoria y no llegarán a ser águilas.

Necesitas rodearte de "águilas" —con visión y alto vuelo— para que cuando las cosas no vayan bien, se motiven unos a otros, y vean oportunidades para crecer. Busca a esos guerreros de la vida que procuran ayudar a la gente, que luchan sin parar, y que el suelo no sea su meta, sino que las altura sea su anhelo. Busca siempre a estas personas, y cuando las encuentres, haz lo que sea necesario para formar parte de este círculo de guerreros de la vida.

Nuestros amigos son una clave fundamental para el éxito. La energía que emane de ti será el resultado de las personas con las que más te rodees. En mi experiencia han sido cinco. Por esta razón, te aconsejo que elijas bien a tus amigos más cercanos.

Después de encontrar a esos nuevos amigos, con metas, sueños y, sobre todo, dispuestos solidarizarte contigo y a ayudarte a crecer, podrás encontrar una gran fortaleza. Poco a poco irás descubriendo el enorme potencial que hay dentro de ti, que antes no habías reconocido —porque ellos lo han visto en ti.

Busca, entonces, guerreros de la vida —a esas águilas. Gente que desea volar alto, remontarse a las alturas, y crecer en grande. Es muy fácil identificarlos, porque ellos sobresalen de la gente común. Aquí tienes algunas características para encontrar a esas personas.

1. Tiene claro lo que desean en la vida.
2. Saben cuál es su propósito y su misión en este mundo.
3. Son positivas y entusiastas.
4. Son carismáticas y, la mayoría de las veces, de temperamento sanguíneo.
5. Les encanta los retos y hacen siempre algo nuevo.
6. Están dispuestas a demostrarse a sí mismas lo valiente que pueden ser.
7. No te menosprecian, sino que te animan y te ayudan a explorar tu potencial máximo.

En otras palabras, busca solo gente que sume, no que reste. Gente destacada y positiva con la que puedas disfrutar este viaje. Personas que te inspiren a luchar y a nunca rendirte.

Con ellas, pueden lograr metas y convertir sus sueños en realidad.

Segundo: Analiza el porqué de tu inseguridad

Cuando publiqué mi primer libro −"Una vida sin obstáculos"— comencé distribuyéndolo entre mis amigos. Después de ahí, ya no sabía más qué hacer. Todos ellos me habían apoyado, y no tenía más amistades en mi lista. Quería llevar al mundo mi obra, pero la inseguridad me tenía atrapado. Me sentía inseguro al hablar con la gente que no conocía. Esto estaba causando un estancamiento en mí, y por consiguiente, no estaba produciendo dinero.

Un día, estando en mi dormitorio, me puse a analizar el porqué de mi inseguridad. Y descubrí que, si no hacia algo, ya no generaría más recursos. Entonces recordé la frase de un amigo llamado Guillermo Villa Ríos: "El dinero no está con los amigos, está con los desconocidos".

Entendí que mi inseguridad tenía su origen en todo lo que me había pasado en mi infancia. Los rechazos y las humillaciones habían dejado sus marcas en mí. Esta era la razón fundamental de mi inseguridad. Pero también descubrí que era solo cuestión de actuar con valentía, porque ahora ya era un adulto con más experiencia y con un gran potencial. Cuando me di cuenta de la razón de mi inseguridad, decidí hacer algo.

El paso siguiente que di fue salir a la calle con mi libro. Lo ofrecía en todo tipo de tiendas. Pero en los primeros días no me fue como yo deseaba. Mi inseguridad se reflejaba en mis movimientos corporales. Como resultado de esto, nadie me compraba nada. Pero no me di por vencido, y seguí insistiendo.

También recuerdo que me faltaba mucha energía. Mi manera de hablar era lenta e insegura. Me faltaba ánimo a la hora de presentar mi libro. Olvidaba lo que tenía pensando decir. En otras palabras; me sentía mal por no ser capaz de vender. Y esto me causaba más inseguridad. Hasta que me di cuenta de que necesitaba mejorar en esta área. Fue entonces cuando pude ver mejores resultados. Por esta razón te recomiendo que busques la razón de tu inseguridad. Después, préstale atención y mejora en esa área.

Te sugiero estos pasos para superar tu inseguridad.

1. Identifica la razón de tu inseguridad.
2. Encuentra la razón para tomar acción.
3. Haz algo diferente que te dé resultado.
4. Mejora tus habilidades de presentación.
5. Habla con seguridad, entusiasmo, simpatía y mucha energía.
6. Mantén el contacto visual con las personas, no bajes la mirada.
7. Sé persistente.

Si pones en práctica estos consejos, te aseguro que verás aumentar tu seguridad en ti mismo. En mi caso, considero que la seguridad que tengo ahora es, por lo menos, tres veces mayor a la que tenía hace un año atrás.

Tercero: Enfrenta al mundo de una manera diferente

Vivimos en un mundo donde tratamos de evitar lo que nos da miedo. En mi caso —aun reconociendo esa verdad— en vez de evitar lo que me atemorizaba, decidí hacer lo que más miedo me causaba. Tome acción, y decidí lanzarme a un mundo que para mí no era conocido.

Continúe ofreciendo mi libro solamente a personas que no conocía. Mi sorpresa fue grande, porque ahora mis libros se estaban vendiendo tres veces más que antes. Es sorprendente como aumentaron mis ingresos solo por tomar una pequeña decisión: enfrentarme al mundo que no conocía.

La próxima vez que sientas inseguridad al querer hacer algo, recuerda que podrías estar perdiendo una maravillosa oportunidad de mejorar tu vida.

No temas enfrentar tus temores, porque hacerles frente es la única manera de vencerlos. Tú tienes la capacidad y el potencial de hacer esto. Tienes un don enorme, no lo desperdicies quedándote en casa. No pierdas tu valioso tiempo sin hacer nada. Hay gente que se pasa haciendo cosas sin sentido. Desperdician su tiempo en actividades donde se sienten muy cómodos. Prefieren sentirse seguros no haciendo absolutamente nada. Son personas perezosas y sin motivación; les desagrada explorar un mundo nuevo. No seas como ellas.

La verdad es que en un mundo nuevo siempre habrá retos y obstáculos. Espero que no seas ese tipo de persona que no enfrentan sus miedos. Mi experiencia personal es que al enfrentar nuevos retos, desafiando mis temores, he sido capaz de superar muchas dificultades, y siempre me mantengo enfocado en mis metas. Así es como fui capaz de desarrollar seguridad en mí mismo. No existe otra fórmula para incrementar nuestra seguridad: hay que tomar acción, ¡y hacerlo ya!

Algunos beneficios que podemos cosechar al enfrentarnos a un mundo nuevo son:

o   Incrementarás tus habilidades.
o   Experimentarás la renovación de ideas.
o   Surgirán en ti nuevos pensamientos.
o   Tendrás nuevas expectativas en cuanto a la vida.

No tienes que hacer cosas que sean demasiado grandes o espectaculares. Se trata simplemente de iniciar algunas cosas, pero que sean nuevas. Por ejemplo, hacer nuevos y buenos amigos cada día es un buen comienzo. Conozco a mucha gente que tiene siempre los mismos amigos. No se esfuerzan por ampliar su círculo de relaciones. Eso es negativo.

Cada vez que te encuentras con esas personas, son siempre las mismas, haciendo lo mismo, hablando de lo mismo. De modo que, al buscar relacionarte con personas nuevas, ya estás entrando en un mundo diferente.

En tu trabajo, no te estanques en la misma posición, trata de ascender siendo mejor cada día en tu desempeño. Muchas veces resulta cómodo mantenerse en un solo sitio por el sentimiento de seguridad que eso da. Pero allí no hay nada nuevo; no hay aventura, no hay progreso y, mucho menos, desarrollo de la tan necesaria seguridad en ti mismo.

Si eres un emprendedor, busca hacer más negocios con personas que no conozcas y que tenga más ideas y con más potencial que tú. Aunque será normal que sientas cierta incomodidad cada vez que hagas algo nuevo, eso será una buena señal de que estás entrando en un mundo diferente. Poco a poco sentirás que esa incomodidad va desapareciendo. Cada vez que enfrentes algo nuevo estarás creciendo —y en camino hacia el éxito.

Enfrentar un mundo desconocido podrá abrirte las puertas a la prosperidad y la satisfacción que muchos están buscando sin encontrarla. No tengas miedo, todo esto es mental. Yo no necesité de brazos para tomar acción y transformar mi vida. Recuerda: Si yo pude hacerlo, tú también puedes.

Cuarto: Sé tu propio motivador

El camino que estás emprendiendo es un camino para personas valientes —aunque este camino estará lleno de obstáculos y rechazos. Me gustaría poder decirte lo contrario, pero esa es la realidad. Como ya he dicho antes, vivimos en un mundo lleno de personas negativas que, aun sin proponérselo —en el mejor de los casos— tratarán de desmotivarte. Estas personas están enfocadas en sus propias vidas. No esperes, por tanto, que ellas te motiven.

Por eso, te aconsejo que seas tu propio motivador. Al principio no te resultará fácil recordar que eres una persona valiosa y con un potencial enorme. A mí me pasaba eso todo el tiempo. Algunas personas se acercaban para motivarme e inspirarme. Me daban palabras de estímulo, y me impulsaban a seguir adelante. No obstante, dentro de mí había inseguridad y miedo. Esto se terminó cuando descubrí que yo puedo ser mi propio motivador. Iniciaba cada día repitiéndome a mí mismo: "Soy un guerrero de la vida. Soy un campeón, soy una persona exitosa, puedo producir el dinero que necesite".

También utilizo algo que aprendí en un seminario dictado por mi buen amigo y hermano Ramiro Castillo. Tiene una efectividad enorme. No solo en el área espiritual, sino también en el área del emprendimiento. Es esto: *"La energía divina llena mi mente, cuerpo, alma y corazón de sabiduría, amor y fe; tengo paz, abundancia y mucha prosperidad"*.

Esta confianza tendrá un efecto enorme en ti si te repites esto varias veces al día: cuando te levantes, a media tarde, y cuando te acuestes.

Te invito a que la pongas en práctica por varios días, y te sorprenderás de los resultados maravillosos resultados. ¡Hazlo! Y cuando veas cambios en tu vida, solo te pido que me escribas a este correo electrónico: Elexitoerestu1212@gmail.com para que me cuentes tu experiencia.

Al terminar este capítulo quiero preguntarte: ¿Qué estás haciendo con tu vida? Algunos ya hemos logrado mucho, mientras que otros no saben ni qué quieren. Déjame decirte que cada segundo en este mundo es importante para nuestra preparación; todo lo que hagamos hoy nos ayudará para el día de mañana.

Empieza hoy a hacer los cambios necesarios para que puedas ver resultados diferentes. Toma acción, y no tengas miedo de hacer algo nuevo para, de esa manera, hacer crecer tu seguridad en ti mismo. Si no tomas la iniciativa, puedo decirte que te estás perdiendo de mucho. Las oportunidades están esperándote. Lo único que necesitas hacer es seguir intentando todo el tiempo hasta lograr resultados.

Por esta razón, hazte esta pregunta: ¿Cómo puedo ser mejor? ¿Cómo puedo construir algo para el beneficio de mi familia? ¿Cómo puedo lograr el éxito? Yo tengo la convicción de que, si te lo propones firmemente, tú podrás lograr cosas maravillosas. Solo hace falta que lo creas tú —de todo corazón y con toda tu mente. Sigue luchando, no estás solo. Podrás encontrar ayuda segura en Dios, y también en muchas personas que, como tú, están tratando de convertirse en guerreros de la vida, en personas con un gran sentido de seguridad para lograr el éxito.

En conclusión: Recuerda que todo dependerá de ti y de la energía que dediques para poner en acción todo lo que aprendas. Te deseo lo mejor de lo mejor. Nos vemos en el próximo capítulo. Recuerda que estas condenado al éxito.

REFLEXIÓN

Habían dos niños que patinaban sobre una laguna congelada. Era una tarde nublada y fría, pero los niños jugaban sin preocupación cuando, de pronto, el hielo se agrietó y uno de los niños cayó al agua.

El otro niño, viendo que su amiguito se ahogaba debajo del hielo, tomó una piedra y empezó a golpear con todas sus fuerzas al hielo hasta que logró quebrarlo y así salvar a su amigo.

Cuando llegaron los bomberos y vieron lo que había sucedido, se preguntaron:

"¿Cómo lo hizo? ¡El hielo está muy grueso, es imposible que lo haya podido quebrar, con esa piedra y sus manos tan pequeñas!"

En ese instante apareció un anciano, y dijo: "Yo sé cómo lo hizo".

"¿Cómo?", le preguntaron.

El anciano contestó: "No había nadie a su alrededor que le dijera que no podría hacerlo".

En este mundo, donde se nos limita y se nos dice "no lo perdones", "no lo merece", "no puedes hacerlo", "ya no lo intentes", debemos recordar que tenemos un Creador que todo lo puede, y nos da la certeza de que no importa si es un rencor, se puede perdonar; si es un dolor, se puede sanar; si es un problema, se puede solucionar. Por eso, recordemos en este día que todo es posible... para el que tiene fe.

Fuente: "El éxito eres tú", por Ramiro Castillo
www.bendicionescristianaspr.com

¡Te invito a que dejes a un lado tus miedos y desarrolles seguridad en ti mismo, reconociendo el potencial que hay en ti! Esto atraerá a ti a personas maravillosas que te ayudarán y apoyarán, como fue mi caso. Siéntete seguro de ti mismo, mírate al espejo y enamórate de ti.

Aquí estoy con Alfredo Acosta, un reportero de Telemundo. Después de este encuentro casual,
el canal me hizo una entrevista.

PILAR NÚMERO CUATRO:

CUIDA TU INTERIOR

"Lo que contamina a una persona no es lo que entra en la boca, sino lo que sale de ella" (Mateo 15.11). "Lo que sale de la boca viene del corazón y contamina a la persona" (Mateo 15.18).

En este tiempo, podemos ver cómo la gente no se preocupa mucho por cuidar su vida interior. Están muy enfocados en el mundo del "microondas". Todo lo quieren ya, ¡rápido! No son muchas las personas que se detienen a reflexionar, a ver su interior.

Tratamos de ser "perfectos", y eso incluye buscar arreglar nuestro aspecto físico, vivir lujosamente, usar solo ropa de calidad, tener una casa grande, un automóvil costoso, etc. Olvidamos que eso no incrementa nuestro valor, ni nos hace, en realidad, más importantes. Por lo tanto, desaprovechamos el oro puro que llevamos en nuestro interior. Tú vales mucho, tal y como eres, y no debes avergonzarte en absoluto de tu cuerpo físico ni de las cosas materiales que no tienes en este momento.

Valora lo que sí tienes, y comienza a desarrollar tu ser interior. Porque lo material llegará por sí solo. Quiero compartir conmigo lo que he hecho para cuidar mi interior. Porque somos, en realidad, el resultado de lo que seamos por dentro. Si cuidas tu interior, puedes tener la seguridad de que lo exterior mejorará, sin falta.

Tu mente es capaz de transformar los problemas en oportunidades, y a los obstáculos en escalones para alcanzar el éxito. Si eres un emprendedor, un padre de familia o un hombre de negocios que está buscando la realización, en este capítulo te daré las pautas que te llevará a lograr cosas importantes en la vida.

Primero: Cuida tu vocabulario

Es indudable que las palabras tienen mucho poder, y todo lo que decimos tiene el potencial de cumplirse. Por eso, es importante que te enfoques solo en palabras positivas, sanas, que sean un alimento saludable para tu mente.

Tus palabras son herramientas para atraer a la gente, pero también para alejarla. Recuerdo que cuando me rodeaba con mis amigos de la calle, mi manera de hablar y de expresarme era muy diferente a la de ahora. He mejorado mucho porque cambié de ambiente y amistades –como te lo recomendé en un capítulo anterior.

Como digo en mi primer libro, yo nací con dos paladares y eso me impedía pronunciar las palabras claramente. ¡Imagínate eso! Ya tenía dos estorbos. Tenía que mejorar la pronunciación, pero también mi vocabulario.

Debemos utilizar solamente palabras buenas, sanas y positivas. Aprendamos a dar palabras de aliento y de agradecimiento. Evitemos el vocabulario bajo, negativo, de odio, de resentimiento y de rencor.

cuyo

En el mundo que vivimos escucharás a muchas personas cuyo vocabulario es vulgar y negativo. No se dan cuenta de que, con ese comportamiento, están atrayendo a personas negativas a sus vidas, que también utilizan un vocabulario semejante.

En el lugar donde vivo, la gente me conoce por ser optimista, jovial y estar siempre muy risueño. Me saludan calurosamente y me preguntan cómo hago para mantener una actitud optimista. Mi respuesta es siempre la misma. "Yo puedo decidir amargarme la vida por lo que no tengo, o decidir estar agradecido por lo que Dios me ha dado".

Me gusta mirarme en el espejo cuando me levanto cada mañana. Me hablo a mí mismo, y me repito muchas veces: "Gracias, Dios mío, por mi salud, mi familia, mi esposa, mis amigos, mi cuerpo, y todo lo que me das día tras día". Tal vez esto te parezca algo absurdo y ridículo.

Sin embargo, no te imaginas el enorme poder que generas cuando te dices a ti mismo palabras positivas, de estímulo y de gratitud a Dios. Comienza tu día repitiendo solo palabras positivas a ti mismo y a los demás —y después sigue diciéndolas en el día.

En la mañana:

"Gracias, mi Dios, por un nuevo día de vida. Me siento feliz, contento, lleno de salud y con mucho entusiasmo de vivir el día de hoy. Estoy destinado al éxito. Me siento renovado, nuevo y con mucha energía. Soy un guerrero de la vida".

En diferentes momentos del día:

"Me siento sumamente bien, y estaré cada vez mejor. Me siento bendecido, fantástico y condenado al éxito. En mi vida están sucediendo cosas grandes. Tengo riquezas en mi mente. Soy un guerrero de la vida".

Antes de dormir:

"Gracias, mi Dios, por el día maravilloso que me permitiste vivir, lleno de bendiciones y de mucha abundancia. Gracias por las cosas buenas, y por mi salud. Mañana será otro día maravilloso. Me siento sano, me siento feliz, y me encuentro estupendamente bien. Soy un guerrero de la vida".

Estas son mis sugerencias; no obstante, puedes utilizar las frases que tú mismo crees y que mejor se adapten a ti; memorízalas y repítelas cada día. Te sorprenderás de los resultados y de los cambios que se producirán en tu vida.

Te invito, entonces, a que después de estar haciendo esto durante cierto tiempo —te recomiendo que sea a lo largo de un año— me escribas al correo electrónico que encontrarás al final de este libro. Cuéntame los cambios que experimentaste. Otra idea sería que escribas esas frases en una hoja, y la coloques en un lugar donde puedas verla con regularidad. También puedes registrar estos cambios y ponerlos en tu computadora como salvapantalla; de esa manera, siempre tendrás la oportunidad de verlos y recordártelos.

Puedes pensar en otras maneras más de acordarte de esto; pero lo más importante es que tengas presente que tus palabras tienen poder, y que cuando utilizas solamente palabras buenas, positivas, sanas, serás capaz de transformar tu vida y de influir en la vida de los demás.

Te estoy invitando, entonces, a que como un verdadero guerrero de la vida hagas uso de tus palabras para, por medio de ellas, tener una vida personal y familiar mejores. Serás parte del equipo de guerreros que ayudarán a ejercer influencia para bien en las vidas de muchas personas, como ha sido mi caso personal.

"Háganse los arboles, háganse los animales", dijo Dios, y fueron hechos. Es decir, todo fue creado por la palabra. Hay personas que utilizan las palabras para maldecir, pero nosotros —los guerreros de la vida— debemos utilizarlas para bendecir.

Expresa verbalmente buenos deseos, deseos positivos, deseos afirmativos a todas las personas con las cuales te encuentres. Desea para ellas lo mejor, diles que deseas para ellas una vida abundante. Al hacer de esto una práctica, tus palabras traerán bendiciones a tu vida y a la de ellas. Puedo garantizarse de que esto será así. Pasemos ahora a otro punto clave en cuanto a cómo cuidar tu interior.

Segundo: Cuida tu salud

La salud física es fundamental para tener una vida feliz. Las personas que poseen un cuerpo saludable son más productivas y positivas. No necesitas pagar a nadie para mantenerte saludable. Estas son las tres cosas que yo hago, y que recomiendo que practiques:

1. Toma agua suficiente

Bebe agua suficiente durante el día. En lo posible, evita las bebidas estimulantes, las gaseosas, y todo lo que contenga mucha cafeína, incluyendo las aguas vitaminadas que se venden en las tiendas. Estas bebidas son utilizadas para combatir el cansancio, pero a la larga pueden causarte mucho daño. Te recomiendo que prescindas de ellas. Tu cuerpo te lo agradecerá, y te darás cuenta de que tendrás más energía que antes cuando recurrías a esas bebidas. Aquí no hay secretos ni trucos. Todo está en lo que tomas. Tomar un par de vasos cuando te levantas, uno antes de cada comida, y dos antes de dormir —estos siete vasos diarios de agua— serán suficientes para ver muy buenos resultados.

2. Come saludablemente

En estos tiempos se consume mucha comida chatarra: refrescos y bebidas con mucha grasa o azúcar; frituras; galletas, golosinas, pizzas, perros calientes, etc. Es decir, la comida rápida. Mucha carne roja es otra comida que debes tratar de evitar; nunca se sabe cuánto tiempo lleva congelada. ¡Evita toda esta clase de comida! Mi recomendación es que trates de conseguir solo productos orgánicos, ya se trate de carne, de frutas o de vegetales.

Todos sabemos que la comida orgánica es más cara, pero puede añadir más años a tu vida y ahorrarte costosas visitas al médico. La alternativa es que, de no alimentarte sanamente, tendrás que depender cada vez más de medicamentos, porque se volverán una necesidad para ti. La alimentación no sana significa pérdida de salud, de dinero y de calidad de vida.

Entonces, come más verduras, frutas y vegetales, y asegúrate de que tu alimentación sea siempre saludable. Debes mantenerte alerta en cuanto a esto, y no ceder a la tentación de comer lo que te venga en gana, pues corres el riesgo de que no sea nutritivo.

En resumen, cuida de tu cuerpo. Si lo haces, te sentirás con más energía y vitalidad. Podrás sentir que manejarás los problemas, los retos y las dificultades de una manera más dinámica. Porque donde hay un cuerpo sano, hay una mente poderosa para buscar la realización de las cosas que nos proponemos.

3. Haz ejercicio físico con regularidad

Para estar en forma no hace falta ir a un gimnasio. Es suficiente salir a caminar regularmente, correr con moderación y hacer estiramientos en casa. No pongas excusas para no hacer esto, porque el precio de la enfermedad es muy alto. No te gustaría ir a parar en el hospital, solo porque nunca tomaste en serio el ejercicio físico. Es verdad que esto exige disciplina, pero si aceptas que el ejercicio es bueno para tu cuerpo y tu mente, lograrás crear una rutina que, al final, te dará sus beneficios. El ejercicio es básico para una vida saludable. Cuerpo sano, mente sana y vida plena.

Conviene, también, tomar algunos suplementos vitamínicos Son buenos para recuperar las energías que se agotan por el trabajo y la actividad del día.

Te animo, pues, a que tomes en serio estas tres sugerencias. Grábalas en tu mente y cuídalas como oro puro.

Tendrás una vida de salud, con energías y más productividad.

Tercero: Cuida tu vida espiritual

Es necesario que entiendas esto: La espiritualidad es también fundamental en la vida. Nadie está exento de las adversidades —llegarán tarde o temprano. Pero la capacidad de sobreponerte a los golpes y a los reveses de la vida, dependerá de tu fortaleza espiritual.

Creer en Dios y confiar en su ayuda de Dios es crucial —importantísimo. Comparto contigo un poco de lo que aprendí del libro de mi amigo Ramiro Castillo, "Una vida sin estrés".

"Nunca olvides que las ramas lejos del árbol se secan. El carbón lejos del fuego se apaga, las personas alejadas de Dios son como una rama seca o un pedazo de carbón que no es útil para nada. Sentir un vacío dentro de ti no es porque Dios se haya olvidado de tu propósito, es porque tú te has olvidado de Su propósito".

Lo que comprendí al leer esta parte del libro de mi amigo Ramiro, fue que cuando nos alejamos de Dios y dejamos de confiar en Él, nos volvemos como la rama lejos del árbol, que se ha secado. En otras palabras, sin esperanza, sin fe, sin fuerzas para luchar en la vida.

Por esta, y por varias razones más, es importante que creas y confíes en Dios. Tal vez has sufrido golpes en la vida que te han alejado de Dios. Sientes que Dios te ha abandonado, y por esa razón dejaste de confiar en Él. O, simplemente, no crees realmente que haya un Creador. Lo entiendo, y respeto tus sentimientos.

Pero lo más importante que debes saber, es que hay un poder que lo controla todo —es Dios. Él puede levantarte cuando te sientas derrotado. Cualquiera que sea que sea tu situación, lo que te pido es que creas en Alguien que está más allá de tus habilidades y de tu mente. Este poder es superior a todo, y es Dios quien es capaz de llenar el vacío que siente mucha gente hoy en día.

¡Ten fe y confianza en Dios, y todo será posible para ti; Él existe y se interesa por ti!

Sin embargo, creer y confiar en Dios —con todo lo importante que es esto— debe estar acompañado por la confianza que tengas en ti mismo. De poco sirve que Él crea que puedes tener éxito en la vida, si tú no crees en ti mismo. ¡Esfuérzate y sé valiente! Él cree en ti, y te pide que creas en las habilidades, los dones y los talentos que te ha dado. Todo esto se encuentra "enterrado", por así decirlo, en ti; pero solo tú puedes desenterrar ese tesoro que Dios te dio desde el primer día de tu nacimiento.

En conclusión: Tus palabras positivas pueden ayudarte a ti y ser de bendición para muchas personas. Tu buena salud es clave para poder tener una vida más satisfactoria. Y tu espiritualidad, combinada con lo anterior, es lo que hará de ti un vencedor —un guerrero de la vida. Cuida mucho tu interior, porque tu exterior es el resultado de lo que llevas por dentro. Si cuidas tu interior, sucederán en tu vida cosas sorprendentes. Lo más valioso que he encontrado en mi interior, es que puedo tener una mente sana y completa. La gente puede verme sin brazos, pero, mi interior está completo.

caderas

REFLEXIONES

"No soy feliz como soy", "tengo un cuerpo que no me gusta", "no me veo bien", "detesto mis dientes, mi pecho, mis caderas", "tengo mucho kilos de más", "desde el embarazo no he recuperado la figura", "nunca me acerco a los demás", "tengo miedo de que me juzguen", "todas mis amigas tienen una pareja, menos yo…". ¿Te suenan estas frases relacionadas con la belleza?

Este es el diálogo que mantenemos habitualmente con nosotras mismas. Esta forma de hablarnos se convierte en una especie de autosabotaje que crea inseguridades, merma la autoestima y sacrifica el amor propio.

Ahora piensa: ¿qué es lo que te gusta de ti? Tus ojos, tu pelo, tu bondad, tu incondicionalidad… Seguro que se te ocurren cientos de cosas en las que, precisamente, tu alma y tu interior son los protagonistas. Piensa en todo eso y retenlo bien, no lo dejes escapar. Te ayudará a no sabotearte a ti mismo.

Hoy observa tus cualidades, no tus defectos

—Graciela Hernández

ante

Atrapados por el fuego

Un grupo de niños quedó atrapado en una escuela en medio de las llamas. Pocos lograron salir antes que el fuego cubriera por completo el edificio. Los niños que habían quedado en el tercer piso estaban en aterrorizados por la situación, y decidieron buscar las ventanas como auxilio _ante_ las llamas y el humo, a la espera que los bomberos llegaran a tiempo.

El fuego avanzaba demasiado rápido y los bomberos no aparecían. Entonces un hombre alto y fuerte, al saber que uno de sus hijos estaba entre los atrapados decidió hacer algo. Se acercó lo más que pudo al edificio y pidió a los niños que saltaran uno a uno, que él los atraparía en sus brazos, pues no había otra forma de llegar hasta ellos. Los niños, con mucho valor comenzaron a saltar. El plan estaba funcionando muy bien, pero el último de los niños, atemorizado por la altura, se negó a saltar. Se trataba precisamente del hijo de aquel hombre.

El padre, desesperado, le gritaba que saltara, que nada le iba a pasar. El niño tenía dudas y no se decidía a saltar, pronto el fuego avanzó más, pero el pequeño no logró vencer el miedo y tristemente falleció entre las llamas. El temor que inundó su corazón le costó la vida. El dolor que sintió aquel padre es indescriptible.

De la misma manera, nosotros estamos en un mundo prendido en llamas, y pronto la destrucción abrasará por completo a esta tierra. Dios, como un padre amante, nos llama a saltar sin miedo hacia sus brazos de amor, para salvarnos de la muerte eterna. Pero al igual que el niño de la historia, muchas personas viven en la incertidumbre, el temor y la indecisión.

A menudo, la gente se preocupa por el qué dirán, y de esa forma se niegan a aceptar a Dios. Temen por las burlas, el rechazo o adquirir un compromiso que les obligue a dejar la falsa comodidad, los lujos o el pecado que hay en sus vidas.

Te pido hoy, que mires a tu alrededor, el mundo está colapsando y no hay más tiempo que perder. Dios te sigue esperando, deja de lado todo aquello que te impide entregarte a él y déjate caer en sus brazos, antes que sea demasiado tarde.

¿Aceptas el reto?

"[Dios] quiere que todos los hombres sean salvos
y vengan al conocimiento de la verdad".

—1 Timoteo 2:4

Fuente: Huellas divinas

Tuve la oportunidad de conocer al estupendo actor colombiano Gregorio Pernía, conmigo en la foto. Como sabemos, él participó en la famosa telenovela "Sin senos no hay paraíso".

intrépida
envidia

PILAR NÚMERO CINCO:

LA PERSEVERANCIA

"Bienaventurado el hombre que persevera bajo la prueba, porque una vez que ha sido aprobado, recibirá la corona de la vida que el Señor ha prometido a los que lo aman" (Santiago 1.12).

A estas alturas, estoy seguro de que habrás escuchado mucho acerca de la perseverancia —que debes continuar luchando, persistiendo y rompiendo barreras.

En este capítulo compartiré contigo un tipo de perseverancia que te transformará en una persona indetenible. Te daré las herramientas que te animarán a no rendirte nunca. Serás una persona intrépida, invencible.

¿Estás listo?

Hoy en día vemos que hay personas llenas de envidia, que desean que no avances, que no tengas éxito. Estamos en un mundo de competición, y solo el más fuerte llega a la meta. Nos vemos envueltos en un sinfín de actividades y de situaciones que agotan nuestras energías. Se nos acaban las ganas de seguir luchando. La gente me pregunta con frecuencia en mis seminarios *"Erick ¿cómo puedo continuar adelante con la vida? Estoy cansado de ver todo lo que sucede a mi alrededor"*.

Quiero que sepas que tú no eres la excepción. Hay mucha gente que no desea continuar. Son muchas las personas que ya se han rendido. Están postradas por los vicios — el alcohol, las drogas el sexo y el juego, todo autodestructivo. Ya no quieren luchar por cultivar principios y valores para sus vidas. Se pierden dando rienda suelta a sus placeres. Se olvidan de que no estamos aquí para eso. Mucha gente no sabe qué hacer con su existencia. Nuestra misión en la vida va más allá de solo trabajar y trabajar, gastar y gastar —y de disfrutar de los placeres de la carne.

El hecho de que estés leyendo este libro no es por casualidad. Creo que Dios me está usando para decirte que no estás solo en esta vida. Él está contigo y siempre lo ha estado. En cada minuto y en cada segundo, el Creador te ha dotado de fuerzas para que no te rindas. Hoy puedes transformar tu vida y ser una persona nueva. Dios te creó para hacer cosas maravillosas, y este libro que tienes en tus manos te ayudará a no desistir —a seguir perseverando.

Tengo para ti estas estrategias que te ayudarán a no rendirte nunca.

Primero: Ten claro hacia dónde te diriges, y cuál es tu misión en la vida

¿Alguna vez has observado el trabajo de las abejas? Son incansables en la labor que hacen en la colmena de la cual forman parte. Nunca se rinden, nunca se detienen en su trabajo de producir miel. Las abejas son un ejemplo magnífico de perseverancia. Dios también ha colocado en ti una fuerza interna capaz de impulsarte y de animarte para que sigas adelante a pesar de las circunstancias.

Esta fuerza es la voz interior que te dice que no te rindas, que vale la pena luchar. Hay un fuego que te quema cuando las cosas van mal. Pero el instinto de supervivencia te anima a salir de la situación en la que te encuentras estancado. Esta voz interior es la que te reta a decidir si vas a tirar la toalla o a seguir adelante. Debes detenerte a examinar qué tanto has estado escuchando la voz que te anima a la perseverancia.

Esta voz es más fuerte y clara cuando sabes cuál es tu misión, si tienes claro hacia dónde deseas dirigirte. Esto es fundamental para que no te rindas jamás, y para permitirte utilizar esa energía interna capaz de impulsar a todo ser humano.

No debemos inventar excusas, poner limitaciones y dejar de intentar. Henry Ford dijo: "El fracaso es solo la oportunidad de comenzar de nuevo de forma más inteligente". Pero para esto es necesario que tengas claro hacia dónde vas, y cuál es tu misión en la vida. Esto te ayudará a encontrar el camino y las razones para jamás rendirte.

Tú estás diseñado para alcanzar tus metas, sea cual sea tu situación. Lo importante es que no te lamentes, no justifiques la situación, y no te quejes de ella. Su vida será lo que decidas hacer de ella. Busca dirección para tu vida. No debes desviarte ni a la derecha ni a la izquierda. Tienes que recorrer tu propio camino, no el camino de otros —y seguir adelante.

Cuando yo tenía 13 años, recuerdo que soñaba en grande —muy en grande. A pesar de las dificultades de mi condición, siempre me mantenía buscando mi misión en la vida hasta que, gracias a Dios, la encontré. Ahora sé que mi misión es ayudar a muchas personas en este mundo. Contar mi vida inspira a la gente, y también produce un cambio positiva en la vida de quienes me ven y me escuchan.

Esto me ayuda a saber hacia dónde estoy yendo, y lo que tengo que hacer para cumplir mi misión. Si tú no sabes cuál es tu objetivo en la vida, irás sin rumbo por el mundo, sin saber a dónde te diriges. Tu misión es como tu manual de vida. Es necesario que sepas que harás con ella, y qué puedes aportar al mundo. Todos podemos contribuir con algo positivo para ayudar a la gente. Busca en tu interior y encuentra cuál es tu cometido. Si a pesar de pensar y de buscar mucho, no sabes todavía cuál es, permíteme hacerte estas preguntas, que pueden ayudarte a encontrar tu misión.

1. ¿Crees que tienes algo que puedes dar para el mundo, para que este sea mejor? Este es el "Qué". Haz una lista de qué te gustaría hacer por el mundo.

1. Tornar a orte mais acessível

2. Frear os impactos ambientais

3. Promover igualdade / equalibade

2. ¿Hay algún servicio comunitario que te llama mucho la atención? Este es el "Dónde". Haz una lista de los servicios de los que te gustaría ser parte.

1. Não conheço nenhum, mas sim, tenho vontade

2.

3.

3. Si tuvieras la oportunidad de ayudar, ¿a quienes ayudar-
ías? ¿A ancianos? ¿A adultos? ¿A jóvenes? ¿A niños? Este
es el "A quiénes". Escribe el tipo de personas a las que te
gustaría ayudar.

1. pessoas marginalizadas

2. LGBTQ+

3. ...

Estas tres preguntas te ayudarán a determinar *qué*
hacer, *dónde* hacerlo y a *quiénes* ayudar.

Cuando sepas qué hacer, dónde y para quiénes, le encontrarás más sentido a tu vida. Lo importante es que te
sientas cómodo con la decisión que tomes; si es necesario
que hagas cambios para sentirte satisfecho, entonces no te
detengas.

Este proceso puede durar un mes, un año o tal vez
más. Todo depende de qué tan rápido pongas en práctica
lo que te recomiendo. Insisto: lo importante es que te sientas motivado por lo que haces. Cuando se descubre un
propósito, y este se lleva adelante con entusiasmo y opti-
mismo, no hay lugar para rendirse.

Segundo: Sé humilde

La humildad es una cualidad que aporta beneficios enormes. Si no actúas con humildad, estarás desaprovechando oportunidades grandiosas.

He aprendido que preguntar algo que uno no sabe, es propio de las personas que son humildes. Lo que yo hacía era formular preguntas a las personas exitosas y emprendedoras. Hay un gran beneficio en esto: Porque estas personas son batalladoras, las consume el deseo ardiente de alcanzar sus metas, no se rinden con facilidad. Valoran cada minuto de su día, porque para ellas el tiempo es vida. No importa el número de veces que caigan, se levantan de nuevo; y si tienen algún fracaso, siguen tratando de alcanzar lo que se proponen, sin importar el número de veces que lo intenten y fallen. No miran hacia atrás. Avanzan con la frente en alto y con una fe y una confianza enormes. Tienen fe en Dios y en ellas mismas.

Y toda esta enseñanza que podemos ver en el ejemplo que nos dan estas personas, la recibiremos y beneficiará nuestras vidas si tenemos una actitud humilde.

Como digo en mi primer libro, "Una vida sin obstáculos", tienes que ser tú mismo, pero con humildad.

Sal de tu cómoda rutina, y pregunta con humildad a la gente triunfadora cómo han logrado tener éxito. Te dirán sin duda, que han sido perseverantes. La perseverancia es una disposición de la mente. Si te propones lograr algo, y te mantienes tenaz, constante, con tesón y firmeza, verás coronados tus esfuerzos con el éxito.

Si buscas con humildad el consejo de estas personas emprendedoras, ellas te ayudarán a explorar todo el potencial que hay dentro de ti, ese potencial que no has sabido liberar y explorar. Por lo general, estas personas son generosas en cuanto a sus consejos. Mediante el ejemplo y el consejo de ellas, encontrarás inspiración para no rendirte.

Es cierto que experimentarás momentos en los que la situación te parecerá insuperable, que no puedes seguir adelante, que sentirás tus traumas o recuerdos del pasado son una carga que no permiten avanzar.

Recuerdo que cuando tenía 24 años, estaba teniendo mucho éxito. Creía que todo iba a seguir así. Pero comencé a tener varios reveses económicos, que me dejaron sin un solo dólar. Esas experiencias agotaron mis fuerzas. Cuando asistía a mis reuniones, en las cuales yo mismo era el anfitrión, me sentaba en la última fila; no podía creer lo que me estaba pasando. Es muy duro pasar por estas situaciones en la que la mente nos dice: "¡Ya no más!".

Pero, gracias a Dios, casualmente llegó a mis manos un ejemplar del libro "Una vida sin estrés", escrito por mi amigo Ramiro Castillo. Ese libro me enseñó a salir de la situación estresante en que me encontraba. Otro libro que me resultó muy útil, que me encantó, fue "La vocecita y el poder de la persistencia". Estos dos poderosos libros, que leí con humildad y aceptación, impactaron mi vida y me ayudaron a salir adelante.

Hoy tengo muy claro que la humildad es fundamental para alcanzar el verdadero éxito. Y si eres humilde y perseverante, tus posibilidades para tener éxito serán muy grandes. Se humilde, escucha y déjate guiar por las personas que han tenido éxito. Haz a un lado el orgullo y reconoce que, si has tenido algunos pocos logros utilizando tu propia manera de pensar, eso no significa que has llegado a ser la verdadera persona de éxito en que puedes convertirte si pones en práctica todo el potencial que hay en ti. Por tanto, sé humilde para cambiar lo que sea necesario en ti.

En conclusión: Ser una persona con espíritu humilde te ayudará a levantarte de cualquier caída, y a reconocer que no estás solo, que hay gente que puede darte la mano. Ellos también cayeron en algún momento, pero supieron levantarse. Y escuchar con humildad y utilizar esa experiencia, te dará la gran oportunidad de intentarlo tú también. Busca a esas personas, y déjate guiar por ellas. De ser posible, trata de conseguir un mentor de confianza que te guíe y apoye, que te impulse a explotar todo tu potencial.

REFLEXIÓN

Perseverancia es la firmeza, la constancia, la dedicación dirigida al logro de algún objetivo. Tiene que ver con la duración, la permanencia y la continuidad en la búsqueda o realización de algo.

¡Sé perseverante, no te rindas!

Era mediado del siglo XIX, y en una escuela primaria de una pequeña población de Ohio, Estados Unidos, el maestro dijo a una madre:

"Su niño tiene cierto retraso mental que le impide adquirir los conocimientos al mismo ritmo de sus compañeros de clase; debe dejar de traer a su hijo a esta escuela".

Esa madre no pareció muy afectada por las palabras del maestro. Le dijo a su hijo que él no tenía ningún retraso, y que Dios, en quien él había confiado siempre, no le había dado vida para avergonzarlo, sino para ser un hombre de éxito.

Pocos años después, este niño de 12 años vendía periódicos en un tren matutino que iba de una ciudad de Michigan a Detroit. También ofrecía mantequilla y moras.

Ese niño amaba la lectura, y se dedicó a estudiar los fenómenos eléctricos. Gracias a su interés, se convirtió en un inventor increíble: del teléfono, el micrófono, el megáfono, y el fonógrafo —entre muchos otros aparatos.

¡Qué lejos quedaban en el recuerdo del niño las palabras de aquel maestro!

Todo parecía conducirse sobre ruedas hasta que un día se encontró con un gran obstáculo —su proyecto más acariciado se estaba desvaneciendo ante sus ojos. Había buscado sin descanso la forma de construir un filamento capaz de generar luz incandescente, y que al mismo tiempo resistiera la fuerza de la energía que lo producía.

Sus financistas estaban impacientes, sus competidores parecían acercarse a la solución antes que él, y hasta sus colaboradores se encontraban desesperanzados.

Luego de tres años de intenso trabajo, uno de ellos le dijo: "Abandona este proyecto, ya llevamos más de tres años, lo hemos intentado en dos mil formas distintas, y sólo conocemos el fracaso en cada intento".

La respuesta no se hizo esperar, y se dirigió al hombre con la misma vehemencia que su madre había tenido unos 25 años atrás: «Mira, no sé qué entiendes tú por fracaso, pero de algo sí estoy seguro, y es que en todo este tiempo aprendí que antes de pensar en dos mil fracasos he descubierto más de dos mil maneras de no hacer este filamento, y eso me da la pauta de que estoy bien encaminado». Pocos meses, el inventor después iluminó toda una calle utilizando la luz eléctrica.

Su nombre era Thomas Alva Edison, una persona que entendió la manera de vivir exitosamente, y pudo ver aun en las tormentas más fuertes el sendero que lo llevaría al éxito.

viuda
recoger

REFLEXION PARA JÓVENES

pertenencias
se marchó

¿**P**or qué seguir en el suelo?

"Todos caemos —escribió escribió cierto autor— pero aquellos a quienes la historia llama triunfadores no se quedaron en el suelo cuando cayeron".

Ese autor tiene razón. Todavía no he leído una biografía de un héroe o de una heroína que nunca haya experimentado fracasos en la vida. Por el contrario, parece ser que las circunstancias adversas que enfrentaron les «templaron» el carácter, como lo ilustra la historia de un hombre llamado James.

Desde edad temprana, James tuvo que trabajar para poder ayudar a su madre, que era viuda. Siendo todavía muy joven, encontró empleo en la finca de un próspero granjero, el señor Taylor. Sucedió que durante su permanencia en la finca, James se enamoró de la hija del granjero.

—Estoy enamorado de su hija —le dijo James— y quisiera tener su permiso para visitarla. Voy a trabajar duro para poder casarme con ella.

—¿Qué puedes ofrecerle tú a mi hija? —replicó el señor Taylor—. No tienes dinero, ni reputación ni futuro. Tengo mejores planes para ella.

Humillado por el desplante, James recogió sus pertenencias y se marchó.

Transcurrieron varios años. Un día, el señor Taylor decidió derribar el viejo galpón donde James había dormido mientras trabajaba para él. Su sorpresa fue grande cuando vio que en una de las vigas estaba escrito el nombre "James A. Garfield".

"James A. Garfield?", se preguntó el señor Taylor, mudo de asombro. ¡James A. Garfield era en ese momento el presidente de los Estados Unidos! ¡Pensar que su hija ha-bría podido llegar a ser la primera dama del país!

¿En qué se equivocó el Sr. Taylor? Bueno, no se equivocó al decir que James era un pobretón en aquel momento. Pero sí se equivocó al pensar que siempre lo sería.

"Aunque [el justo] caiga siete veces, se levantará".

—Proverbios 24:16

Y tú, ¿has tenido algún fracaso reciente? ¿Has sido objeto de rechazo por parte de algún amigo? ¿Has tenido alguna caída moral, espiritual? ¿Has sufrido algún desengaño sentimental? Si alguna de estas circunstancias o cualquier otra describe tu situación, lee cuidadosamente estas palabras: "El destino no ha tejido sus redes alrededor de ningún ser humano tan firmemente que este tenga que permanecer impotente [...]. Las circunstancias adversas crean la firme determinación de vencerlas".

De manera que, si has caído, levántate. El suelo no es para ti. Que nadie se equivoque contigo. Dios te creó para triunfar.

Padre celestial, dame valor para luchar contra las circunstancias adversas de mi vida, y vencerlas.

Fernando Zabala en www.huelladivina.com

Debes vivir como si fueras capaz de hacer cualquier cosa que hayas soñado.

En esta foto estoy con una de las personas que más me inspiro para seguir luchando y nunca rendirme. Es Nick Vujicic, el famoso evangelista que nació sin brazos y sin piernas. Él me dijo que la persistencia es la base del éxito. Te invito a que sigas luchando sin detenerte. No importa cuál sea tu situación actual. Si eres un guerrero de la vida, levántate, esfuérzate y nos veremos en la cima del éxito.

PILAR NÚMERO SEIS:

JAMÁS TE RINDAS

"Nada hay imposible para Dios" (Lucas 1.37). "No nos cansemos, pues, de hacer bien; porque a su tiempo segaremos, si no desmayamos"
(Gálatas 6.9).

Las palabras "jamás te rindas" suenan muy sencillas; pensamos que se trata, simplemente, de continuar en el camino. Sin embargo, cuando observamos a la gente de éxito, nos damos cuenta que esas personas tuvieron que pasar por un proceso más grande de lo que pensamos. Es fácil envidiar el triunfo de otras personas cuando solo se ve el resultado de su trabajo, sin pensar que esto fue el producto final de mucho tiempo invertido para poder llegar ahí.

Si deseas ser un guerrero de la vida, que jamás se rinde para lograr sus metas, te invito a hacer lo que sigue. Estas recomendaciones las ponen en práctica las personas exitosas. Son consejos básicos que yo he aplicado, y me han dado un resultado maravilloso. Te ayudarán no solo a nunca rendirte, sino también a avanzar más rápido.

invierte

Primero: Invierte bien tu tiempo

El tiempo es algo que no podemos recuperar una vez que ya se ha ido. La forma como lo inviertas hará la diferencia en tu vida. Un verdadero guerrero de la vida está consciente de que el tiempo no es oro; en realidad, el tiempo es *vida*.

Quien no invierte bien su tiempo, está desperdiciando su vida. Cuando yo era más joven, recuerdo que no sabía lo que deseaba para mí. Pasaba gran parte del tiempo viendo televisión y entretenido en videojuegos durante varias horas al día. ¡Qué desperdicio del tiempo!

Salía mucho con mis amigos a distraerme con el fútbol y el béisbol. En esta edad estaba desenfocado y sin ningún conocimiento de la vida. Después de cumplir 22 años, entré en otro mundo muy diferente. Este mundo me enseñó a valorar mi tiempo y a invertirlo de una manera adecuada, cuando aprendí que quienes tienen éxito saben cómo y en donde invertirlo.

Gente famosa y exitosa como el físico Albert Einstein, el autor Napoleón Hill, y el empresario Henry Ford —solo por mencionar algunos de ellos— fueron personas que no malgastaban su tiempo. Se dice que ni siquiera se detenían para ver qué tipo de ropa ponerse. He escuchado que, incluso alguno de ellos, ni siquiera se tomaba el tiempo para peinarse. Por supuesto, no estoy recomendando que hagas cosas así, pero si enfatizar que el tiempo es sumamente valioso, y que debemos utilizarlo al máximo si queremos ser productivos y lograr nuestras metas.

Observa cuidadosamente y te darás cuenta de que la gente exitosa y con fortuna no malgasta su energía y su tiempo en cosas como redes sociales, actividades agotadoras, fiestas; no se interesan por situaciones que no pueden controlar; no pasan tiempo con personas negativas; no se estancan en los errores del pasado; y, mucho menos, no se dedican a contemplar qué hacen otras personas.

Me entristece ver como hay tanta gente a la que no le gusta leer; prefieren pasar horas viendo; no se educan asistiendo a conferencias o seminarios; y pasan su tiempo de diversión en diversión. No utilizan el tiempo para hacer cosas productivas.

Saber invertir tu tiempo te dará muy buenos resultados, y esto te mantendrá motivado para no rendirte. Tengo la convicción de que la frase "Nunca te rindas" va más allá de solo tener éxitos parciales. Para mí, es cosechar siempre resultados positivos. Tu motivación se alimenta y crece con lo que hay en tu interior, cuando observas que lo que haces vale la pena.

Te invito a que mantengas un ojo en tu tiempo y en lo que lo estás invirtiendo. ¿Es para tu crecimiento personal, es para conocer mejor tu negocio, es para ayudar a los demás? O utilizas tu tiempo en actividades no provechosas. Si es así es, ya es hora de que cambies.

Segundo: Acepta la responsabilidad por tus resultados

Hay personas que no se hacen responsables por sus vidas. Culpan a la gente de sus resultados. Si deseas ser un guerrero de la vida, no debes echar la culpa a los demás por los resultados de tus acciones.

Tú —y nadie más que tú— eres el responsable de tu vida, de tus emociones y, sobre todo de tus actitudes. Si eres un guerrero de la vida, tienes que saber que tú eres tu mejor motivador, tu mejor mentor, y el principal maestro de tu vida.

Tú, y solo tú, eres quien debe saber que el éxito no está libre de caídas y fracasos. Que no lograrás nada de la noche a la mañana. Se requiere tener una actitud de guerrero y una mentalidad de triunfador. Los desafíos son grandes, pero tú puedes superarlos si te lo propones, porque eres más grande que ellos.

Tienes que pensar más allá, analizar profundamente tu interior, y reconocer que tienes un alma de guerrero. Pelea por tus sueños, nunca te rindas. Si te caes, levántate; no te quedes en el suelo. No permitas que las palabras negativas de la gente se queden en tu mente. Jamás lo permitas, porque si lo permites, no podrás avanzar.

Te quedarás en el mismo lugar, como está la mayoría de la gente. Siempre en lo mismo. Quejándose y culpando a la gente y al gobierno de lo que no tienen. Creen que ellos les solucionarán sus vidas. Tú, por el contrario, enfócate en ti mismo y en tus metas. Toma la dirección de tu vida, busca los resultados, asume tu responsabilidad, y esfuérzate.

No importa que haya gente que no te apoye o que te envidie. Lo que ellos quieren es que te mantengas en el mismo lugar que ellos están. Pero tú, haz cosas nuevas, diferentes, y muéstrale al mundo que, si te lo propones, serás capaz de lograr cosas grandes. Recuerda que la actitud que te llevará al éxito dependerá de ti, solo de ti. Tus fracasos y tus éxitos serán el resultado de tu manera de hacer las cosas. Nadie más tendrá que ver con esto.

¿Eres, en realidad, un guerrero de la vida, o un quejicoso y criticón de los demás? Yo tengo tiempo para estar encontrando faltas en los demás. Estoy muy ocupado en lograr mis metas y hacer algo productivo en bien del mundo.

He descubierto que lo que tengo o no tengo es, en definitivo, resultado de mi manera de pensar —y por eso soy el único responsable de los resultados. Y para tener buenos resultados, mi consejo es que pienses en grande, más allá de lo que pudiera considerarse normal. Tú eres una persona valiosa; no diseñado para hacer daño a los demás, ni tampoco para vivir en la mediocridad. Si crees, en verdad, que mereces algo mejor, sal a buscarlo. Y no culpes a tu entorno o a la gente si no lograste lo que deseabas. Reflexiona, sé responsable de los resultados, y cambia lo que tengas que cambiar.

Lo que tienes que hacer es pensar en qué fallaste, en qué hiciste mal, y tratar de corregirlo. Entonces, con nuevas energías y con convicción, insiste en la búsqueda hasta tener éxito. Los buenos resultados que coseches después, te llevarán a obtener otros —incluso más grandes.

Y esto será ciertamente posible si aceptas la responsabilidad por tu manera de pensar y de actuar, lo que te convierte en un guerrero de la vida.

Tercero: Sé fuerte en los momentos difíciles

En tu camino hacia el éxito, enfrentarás muchos fracasos antes de llegar a la cima; esto es normal. Los golpes que te propine la vida pueden ser tan fuertes, que te dejarán en ocasiones sintiéndote frustrado, sin fuerzas, y con una mentalidad de que no vale la pena seguir luchando.

Cuando estos fracasos llegan, no te extrañe que tus amigos de vuelvan contra ti, que tu familia no siga creyendo en tus metas. Sin embargo, lo que ellos piensen no significa que tú no eres capaz. Tienes que seguir luchando y manteniendo el control de tu vida y de tus actos.

Tienes que dejar de escuchar a quienes te dicen que no eres capaz; tienes que ser fuerte, y resistir todos sus juicios negativos en cuanto a tu persona y tus capacidades.

Me es doloroso decir esto, pero al comienzo mis padres no me apoyaron en las metas que yo tenía. Su deseo para mí era que yo consiguiera un trabajo para ganarme la vida. Esto no resultaba fácil; me sentía frustrado.

Fueron momentos muy difíciles y de mucha desesperación para mí. No tenía dinero. Recuerdo que iba de fracaso en fracaso en todo lo que intentaba hacer. Estaba lleno de deudas, y por más que me esforzaba, no lograba avanzar. No muchos conocían esa fase de mi vida, pero era una realidad. En resumen, mi cabeza estuvo varias veces a punto de estallar por las muchas preocupaciones y angustias.

Tal vez tú te encuentras en este momento sintiéndote frustrado; no ves el fruto de tus esfuerzos, y no cuentas con el apoyo de familiares y amigos. Pero permíteme insistir en esto: ¡No te detengas; jamás te rindas! Un guerrero de la vida lucha hasta el final.

Si haces esto, llegará el momento en que te encontrarás en la cima que otros no creían que podrías alcanzar. Y lo lograste, porque tenías en tu mente y en tu corazón el potencial para vencer. Tu mente te llevó a tomar las decisiones correctas, y de tu corazón emanó la energía que te ayudó a levantarte en los momentos dolorosos.

Yo sabía que tenía que cambiar; que debía hacer algo diferente. Tenía la más profunda convicción de que no podía rendirme frente a las dificultades. A pesar de que mi mente me decía que sin brazos no iba a llegar a ningún lado, mi corazón me decía que solo era cuestión de esperar, de no tirar la toalla —de seguir persistiendo.

Una tarde de verano conocí a mi amigo Ramiro Castillo, escritor y conferencista. Me invitó a dar una charla a un grupo que él dirigía. Después de esa experiencia, me di cuenta de que mi misión sería ayudar a las personas a superarse y transformarse.

Visité muchos lugares con Ramiro dando charlas. Después de un año, tomé la decisión de crear mi audiolibro "Una vida sin obstáculos". Algunos meses después publique este libro en tapa blanda. Y aquí se inicia toda mi historia que yo llamo de éxito.

Hoy en día, a pesar de que carezco de brazos, y tengo dificultades para hablar y escuchar bien, puedo decirte que en un par de días soy capaz de generar ingresos el doble de lo que una persona puede conseguir en dos semanas.

Me siento muy feliz y bendecido, porque en medio de todas mis dificultades hubo siempre una vocecita que me decía que estaba cerca de comenzar a lograr mis metas. Sé que todavía necesito aprender mucho, pero he llegado al convencimiento que la vida le pertenece a todo aquel que nunca deja de luchar; que a pesar de los obstáculos nunca se rinde.

Por eso, si yo pude hacerlo —lo repito una vez más— tú también puedes lograrlo. Sé fuerte en los momentos difíciles. Dirige tu mirada hacia arriba, y piensa en lo positivo, lo puro y lo santo. Confía en Dios, y sigue luchando.

En conclusión: el tiempo es vida, y tienes que darte cuenta en qué lo estás invirtiendo. Esto te ayudará a avanzar más rápido. Toma la responsabilidad por tu vida, no culpes a los demás ni a la situación por los resultados. Solo cuando reconozcas esto, lograrás en la vida lo que deseas con vehemencia. Sé fuerte en los momentos difíciles, porque el camino al éxito es uno que solo los guerreros de la vida son capaces de transitar —y tú eres, potencialmente, uno de ellos.

A veces dedicamos más tiempo a las cosas que menos importan, pero que creemos indispensables. Damos mucho tiempo, pero no logramos un buen resultado. Esto es así, porque no estamos dedicando el tiempo necesario a lo productivo, o simplemente, porque lo estamos utilizando de una manera incorrecta.

Dedica tiempo suficiente a tus sueños, a tu familia, a tus padres, a tus hijos y a ti mismo, porque eso es lo esencial. No te inquietes por todo lo demás, porque eso tiene un segundo lugar.

Sé que te has dado cuenta de que las cosas se terminan, porque solo duran por un poco de tiempo, y se tienen que acabar. Nosotros somos como esas cosas. Cada día nos volvemos viejos, con menos energía y menos capacidad de hacer cosas.

Recuerda ese momento en que pensaste que podías hacer algo bueno para ti o para los demás. Recuerda el momento en que tuviste la oportunidad de leer algo, o de estudiar algo y pensaste que aún había tiempo para hacerlo. Pero ahora, sin fuerzas en el cuerpo, eso es más difícil. Puedes tener las fuerzas del alma, y el corazón de querer hacer muchas cosas, pero ya eso solo un deseo. Es posible que ya no puedas lograrlo, porque necesitas de la acción física.

Tenemos que convertirnos en una persona que no se conforma con solo dar un paso más en el camino, sino que quiere causar un impacto en él. No se trata solo de ser un buen padre, sino de ser un padre maravilloso. No es solo ser una persona común y corriente, sino una persona excelente. No se trata solo de ser alguien más, sino de la esperanza de muchos. Pero, para que eso suceda, no seamos conformistas, sino que tratemos de ser mejor cada día.

-Ramiro Castillo: "El éxito eres tú" –texto editado.

Sé firme en tus actitudes y perseverante en tus ideales. Pero sé paciente, no pretendiendo que todo te llegue de inmediato. Haz tiempo para todo, y todo lo que es tuyo vendrá a tus manos en el momento oportuno. Aprende a esperar el momento exacto para recibir los beneficios que reclamas. Espera con paciencia a que maduren los frutos para poder apreciar debidamente su dulzura.

No seas esclavo del pasado y de recuerdos tristes. No revuelvas una herida que está cicatrizada. No rememores dolores y sufrimientos antiguos. ¡Lo que pasó, pasó!

De ahora en adelante, procura construir una vida nueva, dirigida hacia lo alto, y camina hacia delante, sin mirar hacia atrás. Haz como el sol que nace cada día, sin acordarse de la noche que pasó. Solo contempla la meta y no veas qué tan difícil es alcanzarla.

No te detengas en lo malo que has hecho; camina en lo bueno que puedes hacer. No te culpes por lo que hiciste, más bien decídete a cambiar. No trates que otros cambien; sé tú el responsable de tu propia vida, y trata de cambiar tú.

Deja que el amor te toque y no te defiendas de él. Vive cada día, aprovecha el pasado para bien y deja que el futuro llegue a su tiempo. No sufras por lo que viene, recuerda que 'cada día tiene su propio afán'.

Busca a alguien con quien compartir tus luchas hacia la libertad; una persona que te entienda, te apoye y te acompañe en ella. Si tu felicidad y tu vida dependen de otra persona, despréndete de ella y ámala, sin pedirle nada a cambio. Aprende a mirarte con amor y respeto, piensa en ti como en algo precioso.

Desparrama en todas partes la alegría que hay dentro de ti. Que tu alegría sea contagiosa y viva para expulsar la tristeza de todos los que te rodean. La alegría es un rayo de luz que debe permanecer siempre encendido, iluminando todos nuestros actos y sirviendo de guía a todos los que se acercan a nosotros. Si en tu interior hay luz y dejas abiertas las ventanas de tu alma por medio de la alegría, todos los que pasan por la calle en tinieblas serán iluminados por tu luz.

Trabajo es sinónimo de nobleza. No desprecies el trabajo que te toca realizar en la vida. El trabajo ennoblece a aquellos que lo realizan con entusiasmo y amor. No existen trabajos humildes. Sólo se distinguen por ser bien o mal realizados. Da valor a tu trabajo, cumpliéndolo con amor y cariño, y así te valorarás a ti mismo.

Dios nos ha creado para realizar un sueño. Vivamos por él, intentemos alcanzarlo. Pongamos la vida en ello, y si nos damos cuenta de que no podemos, quizás entonces necesitemos hacer un alto en el camino y experimentar un cambio radical en nuestras vidas. Así, con otro aspecto, con otras posibilidades y con la gracia de Dios, lo haremos.

No te des por vencido, piensa que si Dios te ha dado la vida, es porque sabe que tú puedes con ella. El éxito en la vida no se mide por lo que has logrado, sino por los obstáculos que has tenido que enfrentar en el camino.

Tú y sólo tú escoges la manera en que vas a afectar el corazón de otros y esas decisiones son de lo que se trata la vida Que este día sea el mejor de tu vida para alcanzar tus sueños.

(Enviado por Rossana, y tomado de la página
www.bendicionescristianaspr.com)

Aquí estoy con mi amigo Tony Meléndez. Nos conocimos en una reunión social de la iglesia. El es un ser humano maravilloso, con un corazón de guerrero. Y él te invita a ser un guerrero de la vida: fuerte, valiente y poderoso:

> *"No digas que no puedes. Solo levántate y di:*
> *Yo quiero hacerlo, yo puedo hacerlo,*
> *y yo voy a moverme hacia adelante"*

—Tony Meléndez

PILAR NÚMERO SIETE:
CÓMO ENCONTRAR LA FELICIDAD

"Estén siempre alegres, oren sin cesar, den gracias a Dios en toda situación, porque esta es su voluntad para ustedes en Cristo Jesús"
(Tesalonicenses 5.16-18).

Hablemos ahora de un asunto muy importante: El tema de la felicidad.

Ser feliz no es tener muchas cosas materiales, pero sí experimentar una vida lo más libre posible de angustias, de estrés y de disgustos. Te estarás preguntando: ¿Cómo podemos tener una vida sin preocupaciones, habiendo tantos problemas y tantas situaciones difíciles que debemos enfrentar?

Es cierto. ¿Quién no tiene problemas? Todo los tenemos. De diferentes tamaños, pero nadie está exento de cuestiones por las cuales preocuparnos.

En una conferencia dada por mi amigo Ramiro Castillo, aprendí que la palabra "preocupación" no es más que estar preparados y ocuparnos en buscarle una solución. Que hay problemas buenos y problemas malos.

Te cuento a continuación el secreto que tengo para vivir mi vida sin estrés, y sintiéndome muy feliz día tras día.

En primer lugar, me enfoco en lo que tengo, no en lo que no tengo o me hace falta. Porque si me preguntas qué me hace falta, te diría que mucho. No tengo brazos, no puede oír bien ni hablar correctamente; estas son cosas que siempre había deseado.

En cuanto a los brazos, tenerlos es imposible. Por tanto, tuve que aceptarme tal y como soy. En lo que tiene que ver con el sentido del oído, encontré la solución en un aparatito que me ayuda a escuchar. Y en cuanto a hablar bien, eso es algo que practico mucho cada día, y estoy haciendo progresos.

Como te resultará evidente, la vida me ha dado muchos retos —razones para sentirme acomplejado y afligido. Pero, a pesar de todo, mi objetivo —mi meta— ha sido avanzar y triunfar en la vida, pese a mis severas limitaciones.

¿Imaginas lo que sería mi vida si todos los días me estuviera lamentando y afligiendo por haber sido creado así por Dios? Mi existencia sería un infierno.

Hoy me considero una persona feliz, porque mi actitud ante mis impedimentos ha hecho toda la diferencia. Veo mi vida con una disposición positiva. Y esto es algo que mantengo todo el tiempo.

Más arriba dije que para tener una vida feliz, sin estrés, es necesario que te enfoques en lo que tienes, no en lo que no tienes. Hazte esta pregunta: "¿Carezco de un brazo, de una pierna, de una mano?" Tal vez no sea tu caso. Eso significa que tienes mucho más de lo que otros no tienen. Por consiguiente, debes estar agradecido por la vida y con

Dios, porque estás físicamente completo. Vales mucho, porque tienes un cuerpo completo.

Repito: Deja de sentirte acomplejado y amargado por lo que no tienes, y agradece lo que sí tienes. Te aseguro que no darías un brazo o una pierna, o alguna otra parte vital de tu cuerpo, aunque te ofrecieran miles de dólares. En casos excepciones, quizás lo harías por un familiar querido —pero aun así me parece muy remota esa posibilidad.

Por tanto, comienza desde ya a no quejarte o lamentarte por lo que no tienes; da gracias a Dios por lo que sí tienes. Sé feliz con ello.

Ten en cuenta lo que sigue para encontrar la felicidad en la vida.

Primero: No pensar negativamente

En mi aventura como autor y motivador, he tenido que escuchar a mucha gente hablar solo de sus problemas —y muchos de ellos parecieran no tener solución.

Esas personas se hunden en sus dificultades, pero hacen poco —o nada— para buscarles una solución. La clave está en no enfocarse en el problema, sino en la solución.

Hay otras que se pasan la vida criticando a los demás. Solo ven lo negativo —nunca lo positivo. Otras son violentas y explosivas.

En resumen, hay un sinfín de personas que tienen una vida muy negativa. Se ha dicho que el negativismo afecta hasta el 95% de las personas. ¿Estás tú en este grupo?

Si tratas de buscar la felicidad, es necesario que des el salto hacia el 5% restante de personas que piensan positivamente, no negativamente. Que ven soluciones posibles, no problemas imposibles. Y sobre todo, que no desperdician el tiempo criticando. Sabemos que vivimos en un mundo complicado, y por eso no debemos complicarlo más con nuestra contribución de pensamientos negativos.

Todos tenemos la capacidad de hacer cambios en nuestra manera de pensar —de convertir nuestra forma de pensar negativa en positiva. Es cuestión de decisión. Cada vez que tu mente sea asaltada por un pensamiento negativo, repítete a ti mismo: "Yo soy amor, y solo daré amor". Sustituye ese pensamiento negativo por uno bueno.

Si haces esto siempre, tu mente se irá llenando cada vez de una energía positiva. Naturalmente, eso no ocurrirá de la noche a la mañana, pero con la práctica podrás lograrlo.

Segundo: No dejes que tu mente genere energía negativa

Son muchas las personas que critican, maldicen, difaman y humillan a los demás. Si te rodeas de este tipo de personas, eso puede traer mucho estrés a tu vida y generar una energía negativa en tu mente —y hasta dolores de cabeza. Es bueno y conveniente que te alejes de ellas. Evita su contacto, y así podrás preservar tu mente de su influencia.

Esto, naturalmente, te lleva a estar relacionado con personas que no dañarán tu mente.

Podrás identificar con facilidad a las personas negativas, no solo por su vocabulario y sus acciones, sino también por su lenguaje corporal. Por la manera como miran, como se mueven, e incluso por su manera de vestir o su aspecto físico.

La iglesia cristiana es un buen lugar para encontrar personas que tendrán una influencia positiva sobre ti. En ese ambiente puedes ser bienvenido, tendrás la oportunidad de participar en actividades sencillas, gratificantes y edificadoras de tu autoestima. Aquí tienes la posibilidad de encontrar apoyo, consejo y dirección cuando surjan situaciones difíciles en tu vida.

Ten presente que solo tú puedes controlar tu mente; si no lo haces, tu mente te controlará a ti. Por tanto, no permitas que tu mente genere energía negativa. Recházala, y transfórmala en energía positiva, de amor.

Tercero: Procurar las cosas buenas, y evitar las malas

Las cosas buenas o las malas que podemos hacer están siempre a la orden del día. Lo importante es saber cuáles son buenas y cuáles son malas. En este capítulo te hablaré de siete cosas malas que debes evitar, y de siete cosas buenas que debes procurar.

Cosas malas:

1. La violencia en la familia
2. La adicción a las drogas
3. El vicio del cigarrillo
4. La adicción al licor
5. La fornicación
6. La falta de control emocional
7. Una actitud negativa y venenosa

La violencia familiar es un motivo de divorcio y de divisiones en la familia. Esto atrae consecuencias muy lamentables y negativas en la vida emocional de todos, especialmente de los hijos. La violencia en el seno de la familia puede transformarse en un serio problema, en una aflicción muy grande para todos.

Los vicios de la droga, del licor y del cigarrillo están muy generalizados hoy en día. Estas adicciones generan problemas de salud. La fornicación conlleva el riesgo de contraer enfermedades sexuales. Y la falta de control de las emociones es otro problema que es necesario enfrentar. Quien carece de ese control actúa generalmente con violencia, guarda rencores y es dominado, normalmente, por el orgullo y la envidia. Y cuando una persona tiene una actitud negativa, venenosa, no es bienvenida.

Estas siete cosas son terriblemente malas, y tienen el poder de dañar severamente cada área de tu vida.

Veamos ahora las siete cosas que pueden ayudarte a crecer como persona, y a explotar el potencial que hay en ti.

Cosas buenas:

1. Crear un negocio propio
2. Casarte
3. Tener hijos
4. Servir en tu iglesia
5. Ayudar a los demás en sus problemas
6. Tener el control de las emociones
7. Cultivar un buen estilo de vida

Podrías pensar que crear un negocio no es fácil, y estoy de acuerdo contigo. Pero este deseo es capaz de impulsarte a tomar acción, a aprender cosas nuevas, y de sacarte de tu rutina y de tu zona de comodidad. La persona que se conforma con mantenerse en su zona de comodidad, sin el deseo de soñar y avanzar, no es comparable con la que aprende a lidiar con las situaciones, y ve en las dificultades un reto para salir adelante.

Puedo asegurarte que, una vez que hayas creado y desarrollado tu negocio propio, tu carácter y tu personalidad mejorarán mucho, y podrás tener una vida más cómoda y más feliz.

Casarse y tener hijos es una bendición que muchos desean. Es un buen reto, porque la experiencia del matrimonio y de tener prole contribuye a tu bienestar y a tu energía interior. Al adquirir la responsabilidad de estar al frente de una familia, tendrás personas por las cuales vivir y luchar; tendrás muchas razones para no rendirte; te levantarás temprano, trabajarás dando tu mejor esfuerzo en tu negocio, y te sentirás dinamizado, animado y estimulado por lo que haces.

Dicho de otra manera, tendrás un "por qué". Y pocas cosas son tan motivadoras para sentirse realizado y satisfecho, que tener un cónyuge y unos hijos a los cuales amar. Tener una familia amada y armoniosa, es una de las cosas más maravillosas a las que cualquier guerrero de la vida puede aspirar.

El servicio en la iglesia es otro ingrediente muy positivo. Es verdad que eso implica dedicar tiempo, pero se tiene el beneficio de conocer a personas, ayudarlas con sus problemas, y la satisfacción de saber que estamos haciendo una contribución generosa en favor de los demás.

Esto, que pudiera parecer un problema es, en realidad, una bendición. Te motivará a ser una persona mejor. Y, al mismo tiempo, te permite ser de inspiración para otros que observan tu espíritu de servicio altruista.

Además, el servicio de la iglesia —que conlleva la relación con personas y situaciones diferentes—te ayudará a madurar en el sentido emocional al volverte más paciente, más considerado, más maduro y más cooperador.

Finalmente, trata de cultivar un estilo de vida que sea lo más intachable posible. No serás perfecto, por supuesto, pero la motivación de hacer esto creará en ti una actitud que se mantendrá positiva la mayor parte del tiempo.

Entonces, ¿qué cosas debes eliminar de tu vida, y qué cosas buenas debes procurar? Te reto a que examines tu vida, y que observes con toda sinceridad y con mucho cuidado lo que necesites cambiar.

REFLEXIONES

Dice una leyenda que un día Dios descendió a la tierra. Tomó la apariencia de un anciano y estuvo caminando por las calles. Ya cansado y con sus sandalias rotas, decidió visitar a un zapatero remendón, un joven. Mientras le arreglaba sus sandalias, el joven se quejaba y decía al anciano, sin saber quién era él: "Estoy cansado de mi trabajo, no es justo que otros sean ricos, y yo no. Otros tienen muchas cosas, y yo no soy más que un simple zapatero remendón".

—¿Sabías tú que yo soy Dios, y que puedo concederte todo lo que quieras? —dijo el anciano. Te daré todos los millones que desees, pero a cambio de esto tendrás que darme tus piernas.

El zapatero contestó:

—¿Cómo voy, entonces, a caminar hasta mi casa?

—Bien, te daré una linda casa que esté cerca, pero tendrás que darme tus ojos.

—Tampoco puedo hacer eso —respondió el joven. ¿Cómo podré ver jugar a mis hijos?

—O puedo darte una posición muy poderosa para que controles a todo el mundo, pero tendrás que darme tu salud —le dijo Dios.

—No, Dios, eso no —replicó el joven.

Dios añadió:

—También puedo darte todos los placeres y todos lujos que un hombre puede desear, pero eso a cambio de tus brazos.

El joven zapatero respondió:

—No, Señor, no necesito nada de los que me has ofrecido —Prefiero disfrutar de la naturaleza, ver correr a mis hijos, contemplar las estrellas, ver el amanecer de cada día.

Quiero conservar mis brazos para tocar y abrazar a mi esposa y mis hijos, a mis hermanos, y a todas las personas que amo. Caminar por la playa de la mano con mi esposa. En fin, disfrutar juntos de todo lo que nos rodea.

Siguió diciendo:

—También me he dado cuenta de que la salud es una de las riquezas más grande que existen. ¡Gracias, Señor, por darme sabiduría y ayudarme a entender qué tan rico soy, en realidad!

Había una niña que se llamaba Elsa. Tenía una abuela muy anciana —su cabello muy encanecido y con arrugas en todo su rostro.

El padre de Elsa tenía una casa grande en la cima de una colina.

Todos los días, el sol se asomaba por las ventanas en la parte este de la casa. Todo lucía brillante y hermoso.

La abuela vivía en el lado oeste de la casa. El sol nunca entraba en su habitación.

Un día, Elsa le dijo a su padre:

—¿Por qué el sol no entra en la habitación de la abuela? Sé que a ella le gustaría recibirlo.

—No hay sol en las ventanas del oeste —dijo su padre.

—Entonces, démosle un giro a la casa, papá.

—Es demasiado grande para eso —dijo su padre.

—Entonces, ¿la abuela nunca tendrá sol en su habitación? —preguntó Elsa.

—Claro que no, hija, a menos que tú puedas llevarle un poco.

Después de eso, Elsa trató de pensar de qué manera podría llevarle un rayo de sol a su abuela.

Cuando jugaba en los campos, veía las flores y la hierba ondulante. Los pájaros cantaban dulcemente mientras volaban de un árbol a otro.

Todos parecía decir: "Amamos el sol; amamos al radiante y cálido sol".

—La abuela también lo amaría —pensaba la niña. Debo llevarle un poco de sol.

Una mañana, cuando estaba en el jardín, sintió los cálidos rayos del sol en su dorado cabello. Se sentó, y vio los rayos en su regazo.

–Los pondré en mi vestido —se dijo a sí misa.

Entonces los llevó a la habitación de la abuela.

Esta se levantó de un salto cuando su nieta entró corriendo a su cuarto.

–¡Mira, abuela, mira! Aquí te traigo rayos de sol — exclamó la niña. Entonces abrió su vestido, pero no había ningún rayo a la vista.

–Los rayos se están asomando por tus ojos, mi niña – dijo la abuela- y resplandecen en tu cabello brillante y dorado. No necesito el sol cuando te tengo conmigo.

Elsa no entendía cómo podía el sol podía asomarse por sus ojos, pero le alegraba el poder hacer feliz a su abuela.

Entonces, todas las mañanas jugaba en el jardín. Luego corría a la habitación de su abuela para llevarle el sol en sus ojos y su cabello.

¿Qué podemos aprender de estas dos historias?

Que la fuente más al alcance, más profunda y más grande de la alegría, es el amor.

La alegría es algo simple, pero no sencillo. No es difícil darse cuenta de si una persona es feliz o no, viendo si ilumina o no la vida de los demás. No obstante, tratar de ser una persona así no es fácil.

La alegría es un gozo del espíritu. Los seres humanos conocemos muy bien el sufrimiento y el dolor, y quienes han perdido a un ser querido lo han experimentado en toda su profundidad. Bien, pues así como el ser humano conoce el dolor y el sufrimiento, también es capaz de tener las sensaciones opuestas: alegría y... felicidad. ¿Felicidad? Sí, felicidad.

Alegría es lo contrario al dolor; éste, por lo general, tiene causas externas: un golpe, un acontecimiento trágico, una situación difícil. La alegría es exactamente al revés, proviene del interior. Desde el centro de nuestra mente, de nuestra alma, hay un bienestar, una paz que se reflejan en todo nuestro cuerpo: sonreímos, andamos por ahí tarareando o silbando una tonadilla, nos volvemos solícitos... El cambio es realmente espectacular, tanto que suele contagiar a quienes están alrededor de una persona así.

La alegría surge, en primer lugar, de una actitud, la de decidir cómo reacciona nuestro espíritu a las cosas que nos rodean. Quien se deja afectar por las cosas malas, elige sufrir. Quien decide que su paz sea mayor que las cosas externas, entonces se acerca más a la alegría. La alegría que viene desde adentro.

La fuente más al alcance, más profunda y más grande de la alegría, es el amor, particularmente el amor en pareja. ¿Quién no se siente alegre cuando recién conoció a una persona que le gusta? Aun más: ¿Quién no ve al mundo diferente cuando se da cuenta de que esa persona, además, está interesada en nosotros? El amor rejuvenece, y es una fuente desinhibida y profunda de alegría. Ese amor es, efectivamente, el principal combustible para estar alegres. Quien no ama, no ríe. Y es por eso que el egoísta sufre; nunca está alegre.

Si nos hiciéramos el propósito de enumerar una serie de motivos para no estar alegres, encontraríamos, entre ellos: tener que levantarse rutinariamente cada día para acudir al trabajo, a la escuela, o para iniciar las labores domésticas; convivir con las personas que no son de nuestro agrado; enfrentar el tráfico; preocuparse por ajustar su presupuesto para poder cubrir las necesidades primordiales y pagar las deudas; estar pendientes de la seguridad y del bienestar de los miembros de la familia; trabajar haciendo siempre exactamente lo mismo que se hizo ayer, y todo aquello que hay en una vida rutinaria. Eso contribuye a tener una existencia fría y amargada.

Pocas veces pensamos en el beneficio de estar alegres. Gracias a Dios, en ciertos momentos la alegría surge de manera espontánea por diversos motivos: una mejor oportunidad de trabajo, la propuesta para emprender un negocio, el ascenso que no esperábamos, un resultado por encima de lo previsto en los estudios… y dejamos que la vida siga su curso.

Sin embargo, también es cierto que la alegría se construye. Pare ello, debemos tomar con seriedad nuestras obligaciones y compromisos para vivir tranquilamente, y de esta manera estar alegres. La persona que busca evadir la realidad tiene una alegría ficticia; vive inmerso en la comodidad y en la búsqueda del placer, lo cual dura muy poco.

¿Qué se debe hacer para vivir el valor de la alegría? Para concretar una respuesta, primero debemos ver lo bueno que hacemos con esfuerzo, esmero y cariño:

1. *El trabajo que todos los días haces en la oficina o en el negocio.* Aunque siempre sea el mismo, beneficias a otras personas y, por consiguiente, a tu familia y ti mismo. El hacerlo bien te da la seguridad de mantenerlo y de tener una fuente de ingresos.

2. *El cuidado que tienes para con tu familia.* Si eres padre o madre, tienes la satisfacción de proporcionar educación, alimentos y cuidados a tus hijos. Te da gusto verlos aseados y contentos. Has decidido gustosamente privarte de algo para tu uso personal, con tal de comprar los que ellos necesiten: ropa, libros, zapatos o algún juguete. Y si eres un hijo, podrás hacer que tus padres se sientan orgullosos de ti al ver tus éxitos en los estudios, el deporte o cualquier sana afición; por no provocarles ningún disgusto o una pena, como consecuencia de malas amistades, el alcohol o la droga.

3. *El tener amigos.* Cada vez que los visitas por enfermedad, les ayudas en una mudanza, te das tiempo para hablar de sus problemas y brindarles consejos; o si sabes de mecánica, te ofreces para hacer una pequeña reparación, salir a comer o distraerse sanamente con ellos por medio de la práctica de algún deporte.

4. El vivir en armonía con la sociedad. Mantener buenas relaciones con tus vecinos, ser aceptado por mostrar educación y respeto, el cuidar la limpieza fuera de tu casa, procurar visitar centros de sana diversión cerca del lugar en el que vives, o participando en alguna iniciativa de ayuda a los más necesitados.

¿No es todo lo anterior motivo de gozo y de satisfacción interior?

Lo más valioso de la alegría es que está alejada del egoísmo, porque aceptamos abnegadamente que otras personas están primero que uno mismo. Es darse sin medida, con desprendimiento, por el hecho de querer ayudar con los medios que tengamos a nuestro alcance.

Cada vez que realizamos algo bueno, ya sea sacrificando algo o no, siendo generosos, tanto con nuestra persona, como con las cosas que tenemos, nos inunda la paz interior porque experimentamos la alegría del deber cumplido.

Lo que más apreciamos en la vida se debe al esfuerzo que pusimos para alcanzarlo, estudiando con intensidad, preparándonos para trabajar más y mejor, y los beneficios a obtener serán consecuencia de ese empeño.

El hecho de tener vida ya es motivo suficiente de alegría. Aun en las circunstancias más adversas que nos encontremos, estamos en condiciones de hacer algo positivo y de provecho para los demás, "es hacer el bien, sin mirar a quien".

Debemos disfrutar de lo poco o de lo mucho que tengamos, sin renunciar a seguir mejorando. Porque, mientras tengamos vida, tenemos todo un mundo de posibilidades. Toda persona es capaz de irradiar alegría desde su interior, manifestándola exteriormente con una simple sonrisa o con la actitud serena de alguien que sabe apreciar y valorar lo que existe a su alrededor.

VISTAZOS GRÁFICOS
DE MI TRAYECTORIA

En New York, con un grupo de personas emprendedoras. En este seminario estuve compartiendo la importancia del amor propio y el poder de la aceptación.

"Vence tus miedos, y has que tus sueños sean más grandes".

En una entrevista en el programa de radio "Al ritmo de la noche", en New York. Me sentí muy feliz de poder compartir mi testimonio, y de presentar mi libro "Una vida sin obstáculos".

*"Se persistente, y cada día
ten pensamientos y actitudes positivas".*

Presentando un seminario en cuanto a la aceptación, en una escuela de Newark, NJ. Muy contento por la oportunidad compartir con jóvenes y motivarlos.

"Ten confianza en ti mismo, da el primer paso,
y alcanzaras tus sueños, escalón por escalón".

Motivando a los alumnos de Universal English Academy en Passaic, N.J. Ayudar a los demás me hace muy feliz.

*"Enamórate de ti mismo, de la vida
y de todo lo que te rodea".*

Apoyar y motivar a las familias es otra de mis prioridades. Aquí estaba compartiendo la importancia de la familia. Fue una maravillosa experiencia. Gracias, Carlos Cruz, por la invitación.

"No dejes enterrado el oro puro que existe dentro de ti. Brilla con mucha intensidad,
porque Dios tiene un gran plan para ti".

Gracias a mi buen amigo Victor Valle, por la invitación a este seminario de liderazgo en Imonutec, una estupenda compañía de multinivel.

"Empieza cada jornada con una sonrisa,
y mantenla todo el día".

Con Don Antonio, dueño de una de las empresas más grandes de la industria periodística.

*"Tú eres una obra maestra,
estás maravillosamente diseñado para llegar muy lejos".*

Demostración con un grupo de Herbalife.

Entrevista para la presentación de mi libro "Una vida sin obstáculos".

Entrevista para Telemundo 47. Vinieron a mi casa para conocerme y ver cómo es la vida de un hombre sin obstáculos.

"*Siéntelo de tu corazón,*
vívelo al máximo, toma acción inmediata,
no te permitas caer".

Compartiendo el poder de la acción combinada con la fe, en Nueva York.

"Confía en Dios, confía en ti,
visualiza, imagina que eres una persona triunfadora".

Entrevista con la presentadora Jackie Contreras
en "El Show de Jackie".

> *"Esfuérzate, lucha cada día de tu vida,
> la vida es supermaravillosa, muy valiosa".*

Dando abrazos de animo a estudiantes de una escuela después de haberles compartido una conferencia de inspiración.

En el programa "Mis Historias", transmitido por Telemicro, con la presentadora Judith Leclerc.

"Tú eres luz, vive confiando en tus habilidades,
ten fe en ti mismo, y sigue siendo un guerrero de la vida".

FRASES DE MOTIVACIÓN

"Ten seguridad en ti mismo, no te frustres ni te desanimes. Alégrate y disfruta de la vida".

"No permitas que los obstáculos te transformen en una persona negativa, sé optimista".

"Si deseas tener éxito, rodéate con personas mejores que tú; con las águilas, no con las gallinas"

"Si yo con un dedo hago cien cosas, tu puedes hacer mil con tus dos brazos, no te estanques".

"El pasado es para aprender, el futuro para planear y el presente para vivir feliz y al máximo".

"Tú no estás destinado al fracaso, estas condenado al éxito, porque Dios va a tu lado".

"Tú estás aquí para realizar tus sueños; recuerda que dejaste tu país para lograr tu metas y ayudar a la familia".

"Tú no naciste para quejarte, criticar, y menospreciar a los demás. Tú estás aquí para soñar, ayudar y hacer cosas maravillosas".

"No permitas que la gente negativa apague tu luz, tu energía y tu positivismo, bloquéalos y aléjate de ella".

EPÍLOGO

Hemos llegado al final de este libro. Mi deseo más grande, y mi intención, es que lo que he compartido contigo te sea de utilidad para aplicarlo en tu vida; que te sirva de ayuda para superarte, de modo que puedas lograr todo lo que te propongas en tu vida.

Un día nació en mí el firme deseo de superarme y de demostrarme a mí mismo que sí se podía, a pesar de las limitaciones físicas con que había venido al mundo. Creí firmemente que si tenía mis deseos claros, que si creía en mí, y que si planificaba correctamente, lograría al final lo que me propondría. Y así fue. Citando las palabras de mi gran amigo, el escritor y conferencista Ramiro Castillo: "Cuando se cree en Dios y en uno mismo, todo el universo gira a tu favor". A Ramiro agradezco de todo corazón el apoyo que me brindó para que este libro saliera a la luz.

A pesar de carecer de brazos y de tener un dispositivo incrustado en mi cabeza, estoy agradecido a mi Dios por lo feliz que me siento por su dirección, y porque gracias a Él sigo avanzando en el logro de mis sueños.

Paradójicamente, mis limitaciones físicas para mí no son impedimentos. Entonces, si yo tengo una perspectiva tan optimista de la vida, ¿qué esperas tú para lograr que tus sueños cristalicen en algo real?

Si yo lo estoy logrando con estos impedimentos físicos —que muchos consideran así, pero que para mí, en el fondo, no lo son— entonces ¿qué esperas tú para lograr que tus sueños se conviertan en realidad? Te animo a poner en actividad tu vida, a que tomes las riendas de ella, y comienza a iniciar un nuevo camino dirigido, conociendo mejor lo que eres, y buscando la excelencia en lo que inicies.

Este libro, el segundo que he producido, es para mí de mucho valor, y una muestra clara de que sí se puede, si te lo propones. Repito: Teniendo sueños, metas y una planificación clara. Esto te garantizará el triunfo. Este libro es la continuación de un gran sueño editorial. Con la ayuda del Señor, espero seguir escribiendo para mis queridos lectores.

En definitiva, mi deseo y mi oración es que las cosas que he compartido contigo logren despertar el gigante dormido que hay en ti, para que no te atemorices ante los obstáculos; para que no alimentes una baja autoestima; para que eches fuera tus temores; para que, si tienes algunas limitaciones físicas o de cualquier otro tipo, decidas tener una actitud de guerrero dispuesto a lograr todo lo que te propongas.

Es más: No importa cuántos años tengas, cualquier edad puede convertirse en el mejor momento de tu vida. Comienza a vivir, entonces, como un guerrero de la vida, poniendo tus sueños en las manos de Dios, y haciendo tú la parte que te corresponde.

¡Levántate, esfuérzate, anímate, y manos a la obra! ¡Nos veremos en la cima!

¡Lluvia de bendiciones para tu vida!

A CERCA DEL AUTOR

Erick Torres nació en la ciudad de New York, de padres dominicanos. Imparte conferencias de motivación y superación personal. Nació sin manos y brazos, y con los oídos cerrados, razón por la cual escucha con la ayuda de un aparato auditivo. Con solo un dedo, que es un muñón en la extremidad de un brazo, escribe en su laptop, utiliza su teléfono celular y maneja su automóvil.

Todos los seres humanos estamos expuestos tanto al bien como al mal en este mundo. En su primer libro "Una vida sin obstáculos" Erick muestra el camino hacia los logros, venciendo obstáculos y derribando barreras.

El autor, con su experiencia y sabiduría demuestra que no hay limitaciones insalvables, como cree la mayoría de los seres humanos: todo está en la mente, porque "querer es poder". Somos capaces, si nos lo proponemos, de vencer todo tipo de obstáculos y limitaciones. Pero, para esto, es necesario que nos conozcamos a nosotros mismos, y luego tomar decisiones sabias que nos conduzcan por el camino del bien, de lo puro y de lo sano.

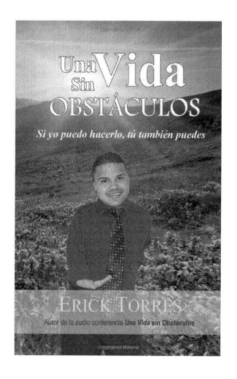

Una Vida sin Obstáculos Es una guía que podemos aprovechar para vencer las adversidades que vamos encontrando en nuestras vidas y que en muchas veces nos dejan en el piso y también nos ayudará a inspirarnos y superar los fracasos que todos vivimos en ciertos momentos.

Erick Torres es una persona muy entusiasta y positiva que siempre observa y vive la vida con una Actitud Mental Positiva y siempre lucha para vencer todos obstáculos y seguir adelante.

AUDIO LIBRO

UNA VIDA SIN OBSTÁCULOS

OBRAS DE RAMIRO CASTILLO

Una Vida Sin Estrés

En estos tiempos, la gente vive estresada, de mal humor y muy deprisa. El estrés es un mal de nuestros días. Estamos en búsqueda de paz y de prosperidad al mismo tiempo, pero ¿existe un secreto que nos dé paz y prosperidad al mismo tiempo?

En este libro, "Una vida sin estrés", el autor comparte diez claves –diez consejos– que te darán lo que busca tu corazón, con la condición de que adquieras un compromiso verdadero con ti mismo, y de que perseveres. Este libro te retará a aceptar diez misiones que, al ser realizadas son capaces de proporcionarte resultados maravillosos.

Este proceso te ayudará a ver los problemas con una perspectiva positiva, y te impulsará a vivir con alegría, y a encontrar paz interior. Aquí encontrarás testimonios de personas cuyas experiencias te serán muy útiles. Estoy seguro de que te identificarás con más de una de ellas. Si deseas tomar mejores decisiones y experimentar armonía en tu vida, en vez de angustias, este libro es para ti. Recuerda que eres capaz de crear cosas extraordinarias, porque tú eres el dueño de tus propias decisiones.

El Éxito Eres Tú

En nuestro diario vivir siempre hay muchas preguntas, que nos llevan al estrés por no saber qué hacer. Preguntas tales como: ¿Quiénes somos? ¿Hacia dónde vamos? ¿Por qué suceden las cosas? ¿Por qué hay tanta discriminación? ¿Cuál es nuestra misión como seres humanos? ¿Qué es lo que tengo que valorar? ¿Por qué existe tanta maldad?, y muchas cosas más.

Son preguntas que, posiblemente, te están llevando a veces a no entenderte a ti mismo. En este libro, encontrarás respuestas a muchas preguntas, sobre todo las más frecuentes e importantes para enseñarte a valorar lo que tienes. Saber esto, te ayudará a esperar con paciencia lo que todavía no has alcanzado. Encontraras los valores que son indispensables, y los riesgos que tendrás que correr para alcanzar cada una de tus metas. Es un camino de alto aprendizaje que te llevara a reflexionar sobre muchas cosas –que posiblemente sean las preguntas que tienes.

Aquí encontrarás respuestas para ayudarte a cambiar positivamente y avanzar en la vida.

Nuestras Vidas, Por Qué El Yo Me Lastima
y Por Qué El Tu Me Hace Feliz

Las dificultades en nuestra vida siempre están a la orden del día, las soluciones no siempre las encontramos.

En este libro encontrarás valiosas reflexiones para entender por qué nos suceden cosas malas con frecuencia. El autor comparte las claves para encontrar la razón para desear cambiar y seguir luchando. Entenderás las soluciones de los errores que estamos cometiendo, y que, sin darnos cuenta detienen nuestro progreso.

Aprenderás también como a vivir realmente tu vida, experimentando la felicidad que todos ansiamos tener. Será un aprendizaje que podrás aplicar en todo momento de tu vida –en el trabajo, en la familia y con tus amigos.

Asimismo, este libro te enseñará la importancia de pensar en los demás antes que en ti mismo. Te ayudará a conocer los secretos que las personas más exitosas ponen en práctica. Te brindará valores, conocimiento, superación y otras cosas más. Te mostrará que la felicidad se encuentra en lo que brindamos a la gente, no en lo que la gente pueda darnos a nosotros.

Otras títulos de la Editorial

Un Regalo para el Alma, *José María Ventura.*

El libro original que conmovió y cambió la vida de miles de lectores. Una hermosa colección de historias, anécdotas y pensamientos que te inspirarán y motivarán a alcanzar tus metas (ilustrado). Todos necesitamos de vez en cuando un "empujoncito" para inspirarnos, levantar el ánimo y seguir nuestro camino... Este libro te traerá paz y felicidad en momentos difíciles.

Un Regalo para el Alma 2, *José María Ventura.*

Este segundo libro continúa tu jornada hacia la conquista de tus sueños y metas. Nuevas narraciones, anécdotas y pensamientos que te inspirarán y motivarán a alcanzar tus metas. (Contiene ilustraciones). Incluye clásicos como "El abrazo del oso" y "Desiderata" entre muchos otros.

La Ciencia de Hacerse Rico, *Wallace D. Wattles*

Es un libro práctico para conseguir el éxito y la prosperidad en la vida mediante un cambio de actitud y un desarrollo personal. ¿Piensas que la obtención de la riqueza es una ciencia exacta, como las matemáticas y la física? ¿Existen leyes y principios que, si los sigues al pie de la letra, podrán garantizar tu éxito? Y si es así ¿Dónde está la evidencia de todo esto? El autor tiene las respuestas a todas estas preguntas. Si estás listo para abandonar las excusas y comenzar tu jornada hacia la riqueza y la prosperidad, este es el libro que habías estado buscando.

Piense y Hágase Rico: Edición Diamante, *Napoleon Hill.*

El sistema más famoso y efectivo para alcanzar la riqueza y la realización personal. ¡Más de 70 millones vendidos! La *Edición Diamante* está basada en la versión original del autor, ha sido traducida, revisada y corregida ampliamente, con sumo cuidado y exactitud para no perder la esencia de la visión e intención del escritor. Incluye ejemplos y referencias actualizadas para que el lector moderno pueda comprender y relacionarse perfectamente con las enseñanzas impartidas.

33,000 Nombres para Bebé

Compendio de los nombres más populares. Descubra el origen y significado de más de 33,000 nombres de origen Italiano, Latín, Hebreo, Griego, Germano, Árabe, Inglés, Castellano, Francés; así como nombres menos comunes de origen Maya, Tarasco, Inca, Azteca y Náhuatl.

Pilares de la Excelencia, *José María Ventura*

Todos poseemos todo lo necesario para cambiar y mejorar nuestras vidas. Pero el primer paso es estar convencidos de que lo podemos hacer. Este libro te presenta los 10 Pilares de la Excelencia; al conocerlos y ponerlos en práctica, lograrás no sólo el éxito que te propongas, sino que trascenderás hacia la excelencia obteniendo una vida más plena y feliz.

Nuevo Diccionario de los Sueños

Todos recibimos mensajes en nuestros sueños, estos mensajes nos ayudan a tomar decisiones, nos previenen de situaciones negativas o peligrosas y nos comunican mensajes divinos. Este es un libro práctico y completo que le ayudará a interpretar más de 2,000 sueños.

200 Poemas de Amor
Colección de oro de los más famosos autores

Una selección de las más bellas poesías de amor de todos los tiempos. Incluye poemas de: Pablo Neruda, Amado Nervo, Rubén Darío, Gabriela Mistral, Gustavo A. Bécquer, Federico García Lorca, Antonio Machado, Mario Benedetti y Juan Ramón Jiménez entre otros.

De la Pobreza a la Riqueza, *James Allen*

Deja por un momento toda concepción e idea que tengas acerca de la riqueza como un sinónimo de fortunas, poder e influencia. Al estudiar y poner en práctica los conocimientos y principios que se tratan en este libro, llegarás definitivamente a ganar más dinero y obtener cosas materiales. La diferencia es que no solo tendrás riqueza exterior, sino que tu poder interior, tu serenidad infinita, tu bondad y amor eterno, serán también parte de ti, y eso es lo más importante. ¿Estás listo para experimentar este cambio?

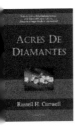

Acres de Diamante, *Russell H. Conwel*

Esta conferencia se ha convertido en un modelo de la psicología moderna y sigue siendo la conferencia más popular que he ofrecido en los cincuenta y siete años de vida pública. Los "Acres de Diamantes" que he mencionado a través de tantos años se encuentran en cualquier país, ciudad o pueblo donde usted viva, y descubrirlos es responsabilidad de cada uno de nosotros.

Muchas personas ya los han descubierto, y los éxitos que han logrado aprendiendo y poniendo en práctica estos conocimientos, cualquier otro ser humano lo puede hacer. No he podido encontrar nada mejor para ilustrar mi forma de pensar que esta historia que he narrado, una y otra vez, durante tantos años.

Made in the USA
Middletown, DE
07 February 2020